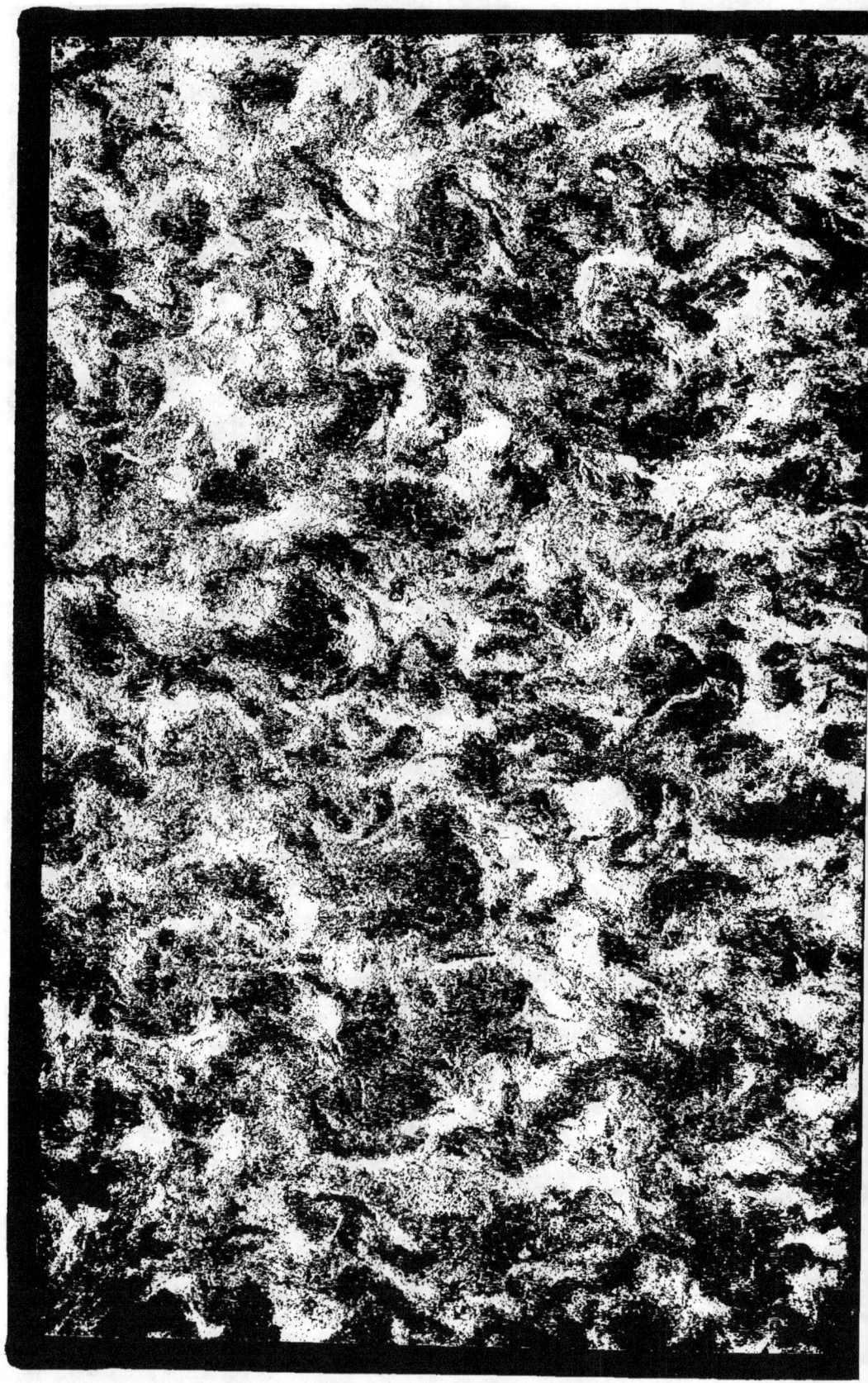

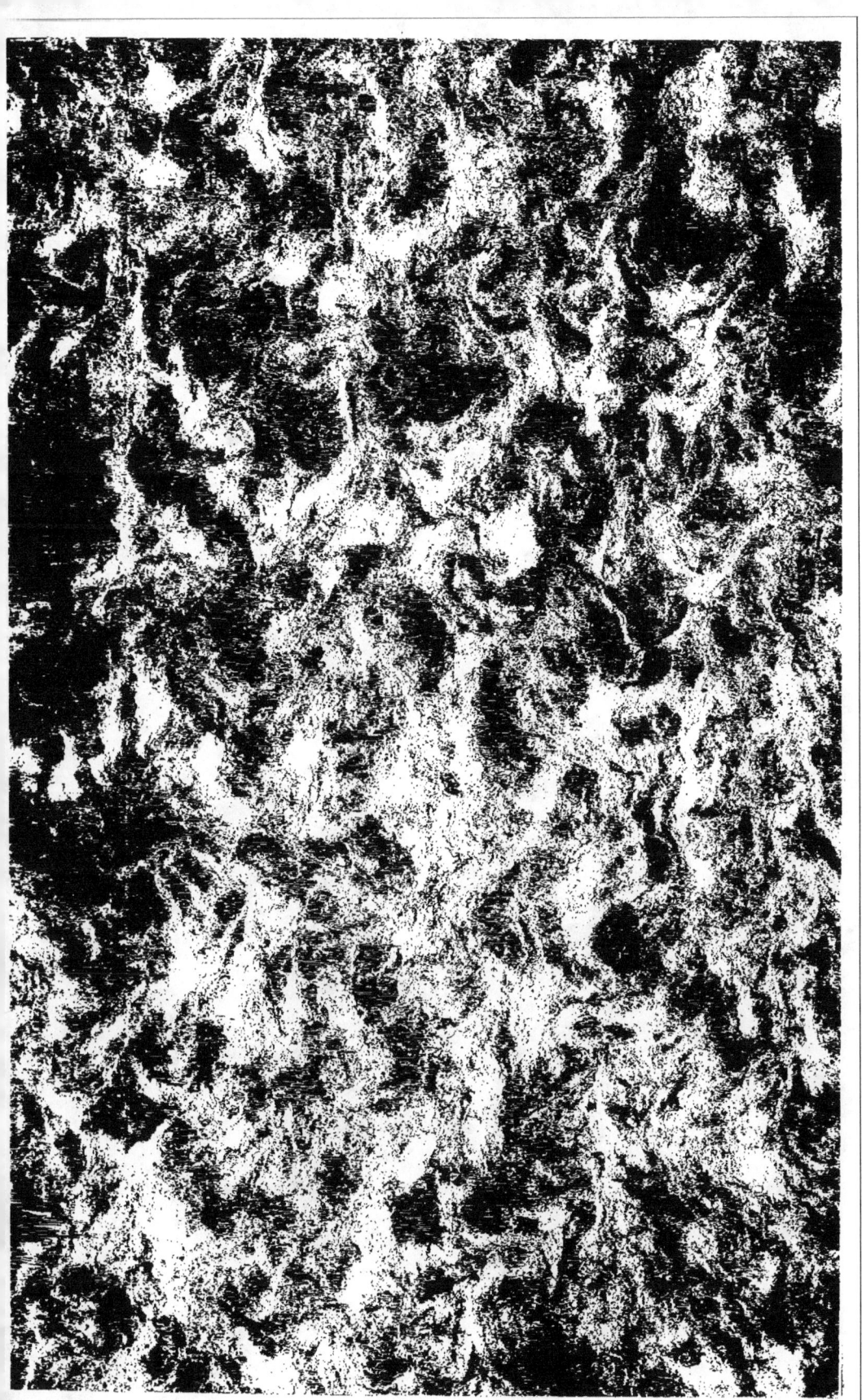

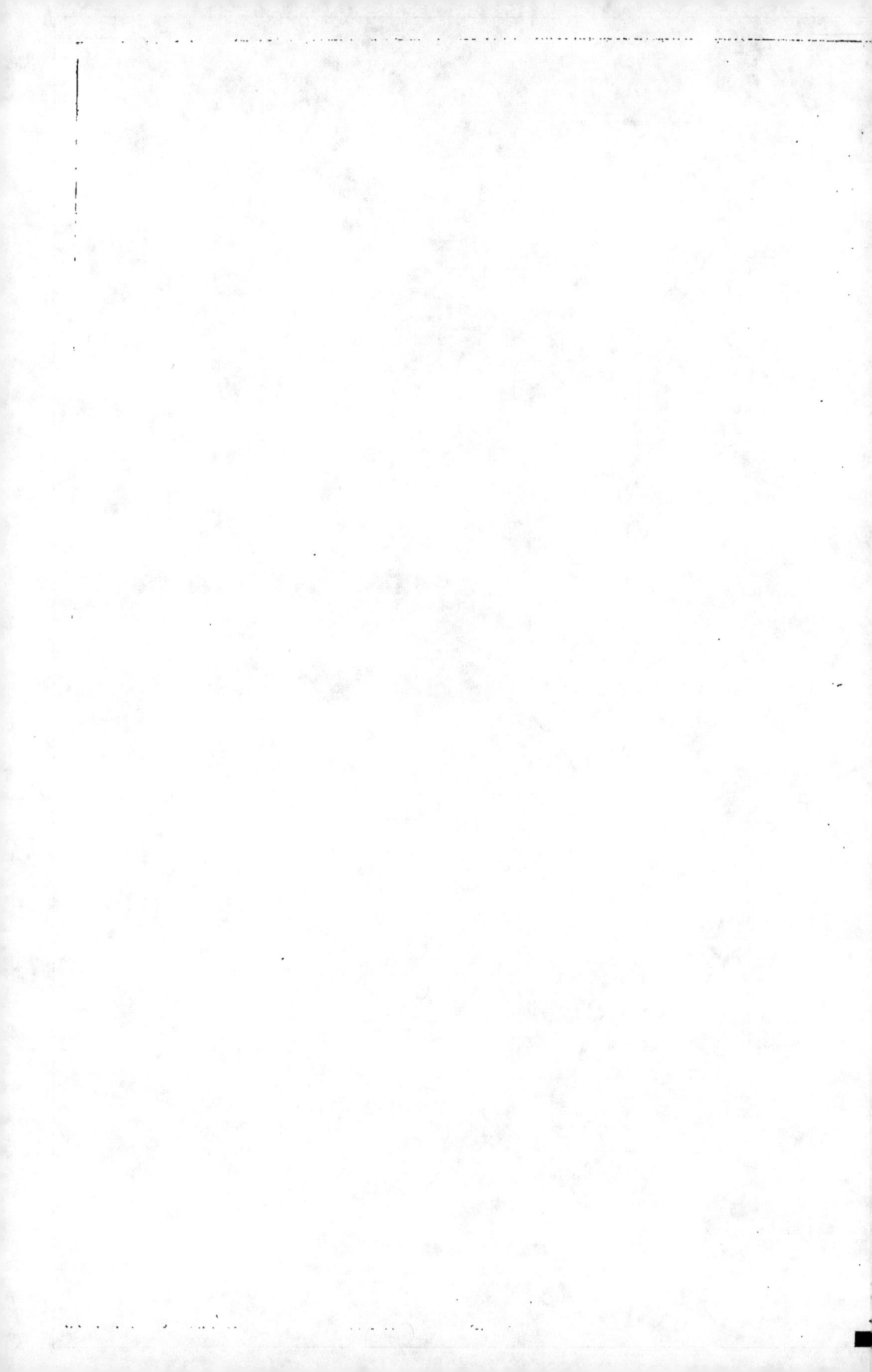

Jules **BARRELLE**
Arthur **LE BRET**

LA DÉFENSE

NATIONALE

DANS LES DEUX-SÈVRES

Pendant la Guerre de 1870-71

OUVRAGE HONORÉ

DES SOUSCRIPTIONS DU CONSEIL GÉNÉRAL DES DEUX-SÈVRES
ET DU CONSEIL MUNICIPAL DE NIORT

NIORT

IMPRIMERIE TH. MERCIER | G. CLOUZOT, LIBRAIRE-ÉDITEUR
1, rue Yver, 1 | 22, rue Victor Hugo, 22

1907

LA DÉFENSE NATIONALE

DANS LES DEUX-SÈVRES

PENDANT LA GUERRE DE 1870-71

OUVRAGE DES MÊMES AUTEURS

Les Mobiles des Deux-Sèvres pendant la guerre de
1870-71. — Prix : **3** fr.

G. Clouzot, éditeur, rue Victor Hugo, Niort

Aux Enfants
des DEUX-SÈVRES
morts pour la défense du Pays
(1870-1871)

LA DÉFENSE NATIONALE

DANS LES DEUX-SÈVRES

Pendant la Guerre de 1870-71

PAR

Jules BARRELLE

Lieutenant des Mobiles
des Deux-Sèvres

Arthur LE BRET

Professeur de l'Université

OUVRAGE HONORÉ

DES SOUSCRIPTIONS DU CONSEIL GÉNÉRAL DES DEUX-SÈVRES
ET DU CONSEIL MUNICIPAL DE NIORT

NIORT
IMPRIMERIE TH. MERCIER
1, rue Yver, 1
—
1907

PRÉFACE

Nous avons publié, en 1904, M. Jules Barrelle et moi, un ouvrage soigneusement documenté sur le rôle du 34ᵉ régiment des Mobiles des Deux-Sèvres pendant la guerre de 1870-71.

Cet ouvrage nous avait paru doublement opportun : d'abord par la mise en lumière et la coordination des archives officielles, pièces administratives, journaux de route, souvenirs individuels qui auraient pu disparaître ou s'effacer à la longue ; puis par la nécessité de réagir contre le péril d'un pacifisme unilatéral où risquaient de sombrer l'énergie et la dignité de la patrie.

Il nous avait paru urgent de mettre dans un relief qui leur manquait jusque-là l'entrain, l'endurance, le courage des Mobiles des Deux-Sèvres pour qu'ils puissent servir d'exemple à leurs successeurs, au cas où les mêmes circonstances, nullement invraisemblables, exigeraient le même dévouement.

Nous tenons à rappeler ce que nous disions alors : « Notre but n'est pas d'entretenir la vivacité stérile de la haine, et d'ajouter à la nervosité traditionnelle de la race : nous avons payé trop cher les excès de confiance pour ne pas exhorter nos concitoyens à peser mûrement les lourds aléas de la guerre.

» Mais la réserve n'est pas l'oubli, et il semble bien que dans l'effacement graduel du souvenir chez les

générations nouvelles, le devoir présent est de rappeler une résistance héroïque dont le mystérieux avenir peut exiger le renouvellement. »

Les événements ont failli justifier nos craintes ; le mystérieux avenir dont nous parlions s'est éclairé de lueurs inquiétantes, et la sensibilité nationale qu'un pacifisme intempérant avait paru quelque temps engourdir et chloroformiser, s'est heureusement réveillée sous des heurts multipliés où il sera bien permis de voir, sans trop d'exagération, comme l'équivalent d'une agression brutale débitée en menue monnaie.

Mais le sentiment du patriotisme, si vigoureux soit-il, ne participe pas au privilège des créations « ex nihilo » ; c'est pourquoi, tout en rendant de nouveau hommage, dans le présent volume, aux efforts héroïques de la Défense nationale qui ont, à plusieurs reprises, suscité l'espoir légitime du succès, nous chercherons à faire comprendre les lacunes, les imperfections inévitables des armées improvisées : on ne refait pas, du jour au lendemain, un matériel de guerre, encore moins l'ordre, la discipline, l'esprit de sacrifice, l'aptitude au dévouement qui l'empêchent de demeurer stérile.

Nul n'ignore plus, en effet, que la Révolution française a perdu dix batailles avant d'organiser la victoire ; nous savons tous également que le gouvernement de la Défense nationale en province a tâtonné deux longs mois irréparables, ceux de septembre et d'octobre, dans l'œuvre assurément débordante de reconstituer des armées, des armements, l'âme même de la résistance.

L'ouvrage que nous donnons au public a pour but de relater la part contributive de nos concitoyens dans l'élan total. Nous avions d'abord pensé à reconstituer les conditions de la Défense dans les départements des Deux-Sèvres, de la Vendée et de la Charente-Inférieure mis tous trois, le 24 septembre, sous l'énergique direction de Ricard ; mais l'effort eût dépassé nos forces et le temps dont nous pouvions disposer ; aussi nous sommes-nous restreints à la Défense dans le département des Deux-Sèvres et particulièrement au chef-lieu, Niort.

Ainsi les deux volumes nous apparaissent comme complémentaires : dans le premier nous avons rappelé l'histoire, et commémoré le courage exemplaire des Mobiles des Deux-Sèvres ; dans le second nous signalerons, en plus des gardes nationales et des mobilisés, l'activité organisatrice, le zèle patriotique de ceux que le devoir, le sexe ou l'âge retenaient dans la cité : administrateurs, médecins, ambulanciers, ambulancières, sans oublier les délégués, les dévoués convoyeurs de vêtements et de nouvelles qui maintinrent, tant qu'ils le purent, une manière de contact entre le régiment et le pays natal.

Mais nous poursuivons, à travers l'histoire locale, nous tenons à le redire, un but d'enseignement. Il convient de rappeler à la génération présente ce qu'elle doit au passé et à l'avenir, de renforcer le sentiment de la solidarité nationale et du devoir, de transmettre au moins intact à nos descendants le patrimoine matériel et moral que nous avons reçu de nos pères. Ce serait une ingratitude, une sorte d'impiété que de chercher à détacher les progrès accomplis par nos ancêtres du cadre historique et géographique, ou plus exactement de l'organisme vivant qui leur a permis de les réaliser.

Aussi ne pouvons-nous accepter l'idée, d'ailleurs contradictoire, de quelques publicistes qui paraissent souhaiter, après Henri Heine, un sacrifice conscient et sublime où la France montant d'elle-même à l'autel comme Iphigénie, acccepterait de s'immoler pour le salut du monde. Ce sacrifice ne serait pas seulement illégitime ; il aboutirait au renforcement des monarchies voisines, des législations rétrogrades, des chauvinismes étrangers ; l'illusion de précipiter la fusion des peuples en reculerait indéfiniment l'échéance. Ce que nous disons du sacrifice intégral vaut contre tout ce qui tendrait à diminuer les moyens de libération mondiale dont la France dispose.

Il est notoire, en effet, que de tous les peuples civilisés , c'est le peuple français qui s'est constamment montré le plus soucieux des grands intérêts de l'humanité ; comme les chevaliers du cycle breton, il a poursuivi d'un effort jamais lassé le vase mystérieux qui contenait le sang sacré de l'idéal.

Jamais la France n'a séparé la gloire de la justice, et la justice pour elle de la justice pour tous ; elle a fait 1789, 1848, la déclaration des droits de l'homme, l'égalité civile et politique, le suffrage universel, l'enseignement laïque et rationnel ; elle est le plus ferme soutien des relations juridiques entre les peuples. C'est ce qu'ont admirablement compris les maîtres autorisés de la jeunesse, Michelet, Edgar Quinet, Victor Hugo, et après eux leur disciple éminent, M. Lavisse, *dans un récent discours précis comme une charte et beau comme un poème.*

On pensera donc que si la diversité des patries est aussi nécessaire au progrès de la civilisation que la division du travail l'est au progrès économique, c'est un devoir particulièrement strict pour nous d'aimer, de servir, de défendre jusqu'au sang, s'il était nécessaire, notre pays, puisque nous défendrions ainsi, sous les espèces de la nationalité française, les aspirations les plus hautes de toute l'humanité.

Arthur LE BRET.

UNE PAGE D'HISTOIRE

Nous croyons intéressant de mettre sous les
yeux du lecteur l'article suivant que M. Gaston
Deschamps, notre distingué compatriote, a publié
dans *La Petite Gironde* du 15 mai 1906 :

On ne lit peut-être pas assez les documents précis où
apparaît, en faits et en chiffres, la vie sociale des Français. Je ne parle pas seulement des procès-verbaux, volontiers pompeux, où sont reproduits les discours pro-
noncés par nos principaux orateurs dans nos deux
Chambres. Je voudrais qu'on jetât les yeux, de temps en
temps, sur le détail de nos affaires régionales, départementales ou locales.

On m'a conté qu'un jour l'illustre historien Taine reçut la visite d'un Anglais, M. Bodley, qui méditait d'é-
crire une étude sur la France contemporaine, et qui lui
tint à peu près ce langage :

— Maître, je voudrais vous demander conseil. J'ai
l'ambition de faire connaître à mes compatriotes ce beau
pays de France, que l'on connaît si peu. Je désirerais
savoir quel est, à votre avis, le meilleur moyen de comprendre et d'expliquer les affaires de la nation française.

L'auteur des *Origines de la France contemporaine* ré-
fléchit un instant, et, après avoir délibéré intérieure-
ment, répondit à M. Bodley :

— Faites-vous nommer sous-préfet !

*

* *

Il est certain que les travaux de précision auxquels on
s'adonne habituellement dans les bureaux des préfectu-
res et des sous-préfectures pourraient offrir aux histo-

riens une ample ressource de notions exactes et signifi-
catives. Pour ma part, je ne néglige jamais de lire les
rapports que les préfets adressent régulièrement aux
Conseils généraux.

Du rapport, très instructif, que M. Louis Sagebien,
préfet des Deux-Sèvres, vient d'adresser au Conseil général de son département, j'extrais le passage suivant,
qui se rapporte à une tentative littéraire très intéressante :

« MM. Jules Barrelle, banquier à Niort, ancien officier
des Mobiles des Deux-Sèvres, et Arthur Le Bret, professeur au Lycée de Niort, m'ont fait connaître qu'ils avaient
l'intention de publier, dans le courant de l'année, un
ouvrage intitulé *La Défense nationale dans les Deux-Sèvres pendant la guerre franco-allemande*. Ils sollicitent,
en même temps, du Conseil général, une souscription à
cet ouvrage, qui représentera une page nouvelle de
notre histoire locale. En raison de l'intérêt départemental
que présentera la publication de MM. Jules Barrelle et
Arthur Le Bret, je vous prie, Messieurs, de décider que
le département souscrira à l'ouvrage en préparation. »

Les deux historiens que le préfet des Deux-Sèvres re-
commande ainsi, en fort bons termes, à la bienveillance
de l'Assemblée départementale, ont déjà publié un ex-
cellent ouvrage, qui s'intitule : *Les Mobiles des Deux-
Sèvres pendant la guerre de 1870-1871*. Écrire le récit
des combats soutenus par les héroïques soldats de l'Année terrible, ce n'est pas seulement apporter sa contri-
bution à l'histoire locale ou régionale, c'est travailler à
l'œuvre totale de l'histoire de France.

Je me souviens d'une bien touchante cérémonie qui
eut lieu à Raon-l'Étape, dans les Vosges, au mois d'octobre 1874. C'était l'inauguration d'un monument élevé
en l'honneur des soldats morts pour la défense de la patrie. Jules Ferry, alors député de Saint-Dié, prononça,
dans cette circonstance, un admirable discours où il
rappela les luttes héroïques qu'eurent à soutenir, sur
notre frontière de l'Est, quelques milliers de soldats improvisés... Quels soldats ! des conscrits levés à la hâte,
des mobiles mal vêtus, mal armés, ayant à peine le

temps d'apprendre le maniement des fusils qu'on venait de leur confier ; une brigade amenée, à grande vitesse, de l'ouest et du centre de la France et jetée à l'ennemi, sans sommeil, presque sans pain.

Dans cette armée des Vosges, parmi ces soldats improvisés qui tinrent si vaillamment la campagne, au nombre de ces mobiles qui se conduisirent comme des héros, se trouvaient les mobiles des Deux-Sèvres.

Un matin, dans l'aube blême d'un triste jour d'hiver, le clairon sonna le rassemblement sur les places de Niort, de Melle, de Bressuire, de Parthenay. Les trois bataillons des Deux-Sèvres, enfin munis de fusils ancien modèle (à tabatière), se mirent en marche, sur la route de Poitiers. Ils avaient pour chefs : M. Rouget, lieutenant-colonel ; MM. Poupard, de Pinceuoir du Bousquet, Godefroy de Ménilglaise, chefs de bataillon. MM. les docteurs Pillet, Héliot, Moreau exerçaient les fonctions de médecins-majors.

Le premier contact de cette vaillante troupe avec l'armée allemande eut lieu à La Bourgonce, le 6 octobre 1870.

La Bourgonce est un village situé aux environs de Saint-Dié, dans une combe verdoyante que dominent les sapinières de La Salle et de Rambervillers. C'est là que, dans la matinée du 6 octobre, le général Dupré reçut l'ordre de marcher contre les Badois du général Degenfeld.

Les mobiles des Deux-Sèvres formaient l'aile gauche de la division Dupré. Cette division eut, dans cette affaire, 65 officiers et 780 hommes tués, blessés ou prisonniers. Il faut citer quelques-uns de ces braves gens, dont plusieurs, Dieu merci ! ont survécu à leurs blessures, et dont les autres ont laissé une image ineffaçable dans le cœur de leurs amis : les capitaines Bertrand, Albert Moreau, Barbier, Auguste Rouget ; les lieutenants Chabeauty, Belot, Le Bedel ; le sous-lieutenant Brée ; l'aide-major Moreau ; le sergent-major Bodin ; les soldats Métais, Marché, Nocquet, Roulet, Thibeaudeau, Arnaud, Vivier, Bonneaud, Bouquet, Dubreuil, etc. M. Gentil, qui sera réélu député de la deuxième circonscription de Niort au scrutin de dimanche prochain, était lieute-

nant dans les mobiles des Deux-Sèvres, et fut blessé
d'un éclat d'obus au combat de la Bourgonce.

C'est à ces braves gens que songeait Jules Ferry, grand
Français et grand Vosgien, lorsqu'il prononça, dans son
discours de Raon-l'Etape, la louange de tous ceux qui
ont combattu pour la patrie, et qui, s'obstinant à espérer contre toute espérance, ont du moins sauvé l'honneur de la nation. « Oui, s'écriait-il, nous avons nos
morts pour répondre. Oui, depuis Artenay jusqu'à la
Bourgonce et à Nompatelize, depuis le Mans jusqu'à
Saint-Quentin, depuis Orléans jusqu'à Héricourt, nos
morts ont répondu, et leurs ossements blanchis attestent
qu'il y a pour la France un honneur qui n'est pas l'honneur de tout le monde ! C'est ici, messieurs, devant ce
mausolée, que cette grande leçon doit être apprise. Ce
qu'on apprend, ici, c'est la vertu suprême, celle qui con-
siste à combattre sans espérance ! »

Et le patriote inconsolé, qui mourut les yeux fixés sur
cette « ligne bleue des Vosges », d'où monte jusqu'à son
cœur fidèle la plainte touchante des vaincus, ajoutait à
cette évocation des luttes récentes l'expression d'un ma-
gnifique espoir : « Refaisons l'union de tous les Français !... Reconstituons le grand parti national sous les
plis d'un drapeau qui puisse l'abriter. La République a
sauvé l'honneur : c'est elle qui refera la patrie. »

Des livres comme celui que MM. Jules Barrelle et Arthur Le Bret ont consacré aux *Mobiles des Deux-Sèvres*
sont des actes d'amour envers la patrie républicaine tout
entière. Il n'est pas un seul citoyen qui ne puisse lire de
tels ouvrages avec goût et avec profit. Ces pages d'histoire expliquent, complètent, commentent les monu-
ments publics où sont inscrits les noms de ceux qui ont
combattu pour la France au champ d'honneur. En suivant d'étape en étape le régiment des mobiles des Deux-
Sèvres, on refait presque tout l'itinéraire, douloureux et
glorieux, des armées de la Défense nationale. A Beaune-
la-Rolande, le lieutenant-colonel Rouget a son cheval
tué sous lui ; le commandant Poupart est atteint d'une
balle à la jambe ; le capitaine Guitton tombe, l'épaule
fracassée ; le capitaine de Gaulier est mortellement

atteint de trois balles ; les lieutenants Morin, Bourdin, Chebrou sont grièvement blessés ; le capitaine de La Porte et le sergent Capelier, entrés hardiment dans la ville, n'en réchappent, dit le rapport officiel, « que par un miracle »... A Villersexel, à Héricourt, l'armée de l'Est a vu fraterniser dans une belle émulation de courage et d'abnégation les zouaves de l'Algérie et les mobiles des Deux-Sèvres, de la Charente, de la Nièvre, de la Savoie. L'histoire unira tous ces bons soldats de France dans une même admiration. Et lorsqu'on arrive au terme de cette épopée, on est tenté de dire, comme le roi Guillaume de Prusse lorsqu'il vit monter au Calvaire d'Illy la Chevauchée de la Mort : « Oh ! les braves gens ! »

Gaston DESCHAMPS.

PREMIÈRE PARTIE

CHAPITRE Ier

La Défense nationale en province

Nous pouvons distinguer deux périodes dans la guerre de 1870-71 : la première où nous avons une armée régulière et pas de plan, la seconde où nous avons un plan, le déblocus de Paris, mais des armées improvisées et précaires. Ce qui maintient d'ailleurs, à partir de septembre, toute l'unité possible, dans le désarroi des états-majors intérmédiaires, c'est l'endurance des troupes et la confiance inlassable de Gambetta.

La première phase de la guerre va de Wissembourg à Sedan, sans une victoire ; cinq cent mille Allemands, pourvus de tout le nécessaire, équipés, approvisionnés, gouvernés par un plan précis et souple, viennent à bout de deux cent vingt-trois mille Français, dépourvus de tout sur leur propre territoire, de vivres, de gamelles, de cartouches, et surtout de direction. Aucune entente, aucune liaison entre les armées, les corps d'armée, les divisions, les fournitures, les ravitaillements ; c'est l'anarchie entière dans l'œuvre qui exige le plus de cohésion ; aussi, pour abattre les forces de l'Empire, un mois suffit à l'adversaire.

Douay en flèche à Wissembourg, le 4 août ; le 6 août, Mac-Mahon en flèche à Wœrth, Froissard à Forbach ; le 14, Borny, le 16, Gravelotte, le 18,

Saint-Privat : autant de noms. autant de défaites, malgré des résistances farouches et de beaux épisodes. L'Alsace et la Lorraine sont perdues, et Bazaine dans lequel tous les partis avaient mis un instant leur espoir, s'immobilise sous les murs de Metz, dont il sortira traître et prisonnier.

Du 21 août au 1er septembre, c'est la marche à l'abîme. De Reims à Sedan, marche saccadée, vertigineuse, inspirée par la peur de Paris, mouvement désordonné, irrationnel dans lequel se réflète et se condense tout le désarroi du régime. Le 1er septembre, Napoléon III, incapable d'un sursaut d'énergie, capitule et rend son épée.

Le 4 septembre s'accomplissait la révolution du mépris ; le gouvernement impérial n'était plus défendu par personne, et les députés de Paris, soucieux de prendre l'avance sur l'émeute et d'endiguer l'anarchie, décrètent la déchéance de Napoléon, de sa dynastie, et proclament la République que la province accepte avec enthousiasme. Pour rallier tous les efforts autour du drapeau, les mêmes députés prennent le titre de gouvernement de la Défense nationale, et décident de rester dans Paris devenu le rempart de toute la France. On enverra en province, pour y organiser la résistance, Crémieux, Glais-Bizoin et Fourichon. C'est assez dire que Paris compte surtout sur lui-même, sur ses énergies traditionnelles pour lasser les assiégeants.

Investie le 8 septembre, cernée complètement le 19, la capitale cèdera, le 2 janvier, moins à la force qu'à la faim, après de courageuses sorties trop rares et mal concertées. Du côté de la province, l'idée directrice de la résistance, à partir d'octobre, sera le déblocus de Paris, la rencontre préparée d'une armée de sortie et d'une armée de secours. La valeur de ce plan, dû à la collaboration de Gambetta et de M. de Freycinet, a été contestée par beaucoup d'écrivains militaires ; on lui a reproché d'avoir ôté à la lutte en province son indépendance et son ampleur. Nous remarquerons d'abord qu'il n'y avait rien de chimérique à penser que l'accord fût possible, réalisable entre les forces de Paris et celles de la province ; en outre on peut se demander quel autre plan pouvait être conçu, puisqu'il fallait bien chercher à combattre les Allemands là où ils se trouvaient, c'est-à-dire autour de Paris et au cœur de la France.

Ce n'est d'ailleurs pas la faute de M. de Freycinet si, après Coulmiers, le général d'Aurelles de Paladine fit battre en détail les trois tronçons de l'armée de la Loire : Crouzat à Beaune-la-Rolande, Chanzy à Loigny, et finalement Martin des Pallières devant Orléans. Ce n'est pas davantage la faute des organisateurs si l'armée de l'Est, destinée à débloquer Belfort, couper les ravitaillements de l'adversaire et se rabattre sur Paris, mit plus de 10 jours pour se transporter par chemin de fer de Saincaize à Clerval, et si le général Bourbaki ne sut profiter de la victoire de Villersexel, ni tourner la Lisaine, ni joindre Belfort dont il n'était plus, le 16 janvier, qu'à cinq kilomètres. Ces erreurs lourdes dans l'exécution ne sont pas imputables aux auteurs du plan originel.

Au reste, les écrivains militaires les plus prévenus reconnaissent que ce plan fut bien près de réussir, que son échec est dû surtout aux lenteurs du transfert des troupes. Ce qui confirme cette appréciation, c'est la dépêche suivante de Werder à de Moltke, le 14 janvier : « En présence de mouvements convergents de forces supérieures, je vous prie instamment d'examiner s'il y a lieu de continuer à tenir devant Belfort, à moins de risquer l'existence même du corps d'armée. L'obligation de tenir devant Belfort m'enlève toute liberté de mouvements ; la gelée permet de franchir les cours d'eau. » De Moltke répondit par un ordre formel de soutenir la lutte.

Malheureusement Bourbaki, le commandant en chef de l'armée de l'Est, n'avait aucune confiance dans la valeur de ses troupes, il est vrai plus mal équipées que la garde impériale ; il aurait souhaité se replier, s'abstenir, temporiser, attendre passivement les chances de la fortune, et c'est au plus découragé de nos généraux en chef qu'était confiée une mission d'audace, sous l'influence d'un prestige et d'une popularité survivante dont M. de Freycinet était d'ailleurs moins féru que Gambetta. Du reste, on n'avait pas l'embarras du choix ; à part Faidherbe et Chanzy, vigoureusement occupés ailleurs, ni Martin des Pallières, ni d'Aurelles n'avaient manifesté des qualités d'initiative, de persévérance dans l'action. L'insuffisance du haut commandement est parmi les causes les plus graves de la défaite finale et nous tenions à la signaler avant de rappeler le superbe effort accompli par le gouvernement de la Défense nationale en province.

Nous empruntons ces pages à un volume déjà publié (1) :

« Le 9 octobre, Gambetta, parti de Paris en ballon, arrivait à Tours, muni de pleins pouvoirs, pour organiser la résistance en province. Le 10, après avoir offert au général Lefort, qui se dérobe, le ministère de la guerre, il en prend courageusement la responsabilité. La situation paraît aux meilleurs esprits, aux politiques sages, irrésoluble et désespérée.

» Paris est investi, Metz bloqué, l'armée de la Loire battue à Artenay, l'armée de l'Est battue à La Bourgonce, l'armée du Nord abandonnée par Bourbaki déjà sans confiance dans les régiments improvisés. Que léguera à Gambetta la délégation qu'il absorbe ou remplace ? Un 15e corps à peine formé et sans cohésion, un 16e corps encore inorganique. Quelles ressources la délégation elle-même avait-elle trouvées ? Cinq régiments d'infanterie, un de cavalerie, une batterie montée. Les dépôts et les mobiles n'étaient pas encore organisés en régiments ; sur cent millions de cartouches existant au début de la guerre, il n'en restait plus que deux millions ; cent vingt mille chassepots seulement étaient en magasin, il fallut utiliser le fusil à tabatière ; pour l'équipement, l'habillement, le campement, pénurie complète ; au début les mobiles ne purent recevoir qu'une blouse de toile et qu'un képi, certains bataillons furent chaussés de sabots. Ajoutez l'absence totale de cartes d'état-major.

(1) *Les Mobiles des Deux-Sèvres* (1870-71), par MM. Barrelle et Le Bret.

» Du 11 octobre au 2 février, Gambetta, aidé du délégué à la guerre, M. de Freycinet, des généraux Véronique, Haca, de Loverdo, du colonel Thoumas a jeté contre l'ennemi 600,000 hommes et 1,400 bouches à feu, formé 12 corps d'armée, fait fabriquer 1,500,000 fusils, acquis 40,000 chevaux, créé un bureau topographique pour reconstituer les cartes d'état-major, un bureau de renseignements sur les mouvements de l'ennemi, un service télégraphique. Tel détail entre tous, typique et décisif, illumine ce travail gigantesque : l'armée de Chanzy possédait quinze types différents de fusils, chassepots, remingtons, sniders, etc. ; il fallait la pourvoir de munitions appropriées et Chanzy déclare que ses troupes n'en ont jamais manqué. Chaque jour voit apparaître un régiment, une batterie, un décret ; et dominant tous les services, concertant tous les efforts, c'est un plan, une idée maîtresse : débloquer Paris en faisant converger finalement sur l'armée d'investissement les trois armées de Chanzy, Faidherbe et Bourbaki. Que ce plan fût le meilleur, on l'a contesté ; mais c'était un plan : il fut plusieurs fois sur le point de réussir, et l'échec n'est pas dû à Gambetta.

» La conception d'ensemble n'excluait pas le sens alerte et pénétrant des détails ; l'avocat avait sans doute, dans le maniement des textes et des procès, contracté l'habitude des solutions expérimentales. Il étonnait les généraux, les professionnels par la vivacité précise d'une intelligence qui entrait dans les vues, en saisissait le fort et le faible, dégageait d'un mot bref l'utile et l'immédiat. Il excellait à

juger les hommes, soutint Cambriels, choisit Freycinet, admira Chanzy, et s'il commit quelques
erreurs dans ses choix ou ne sut pas à temps se
déprendre, ce fut par un respect exagéré des services rendus, des droits acquis.

» Somme toute, le « fou furieux » se montra le
vrai sage, en comprenant que c'était l'heure de l'action, et non de la diplomatie. Ses discours mêmes,
vibrants de patriotisme, furent des forces qui ajou-
tèrent à l'énergie de la défense, tendirent tous les
ressorts de l'organisme national. Ces jeunes armées
si tendres avaient besoin d'une âme héroïque : il
la leur donna. Le présent eut ainsi ses jours de revanche : Coulmiers, Bapaume, Villersexel, et l'avenir
garda son intégrité. Non seulement en effet, Gambetta, par son idée de résistance irréductible,
exprima le vœu intime des meilleurs et des plus
conscients, mais il dégagea du poids lourd des défaites, des tristes contingences du moment l'idéal
permanent de la race : bravoure et dignité. Ce que
nous pouvions tenter, ce que nous pouvions extraire
de notre vouloir et de notre sol dans les pires dé-
tresses il le montra. Nous fûmes ainsi sauvés du
plus grand désastre : le mépris de nous-mêmes.
Les journées les plus sombres de cette histoire, les
retraites même de l'Est et du Mans s'illuminèrent
de dévouements et de sacrifices où se retrouvait
l'indomptable vitalité d'une race qui ne veut pas
périr, et on peut dire que c'est Gambetta qui garda
l'étincelle sacrée, maintint la tradition, incarna la
Patrie. »

Nous insisterons maintenant sur quelques détails de la réorganisation militaire, qui n'auront pas seulement une valeur rétrospective, mais une valeur d'indication pour l'avenir, bien qu'il soit heureusement peu probable que des circonstances accumulées aussi défavorables à la défense se reproduisent jamais (1).

Il ne suffit pas de lever des hommes, il faut les armer, les outiller, les nourrir. C'est peut-être dans la création des armes qui manquaient presque totalement que l'ingénieuse activité du gouvernement de la Défense nationale se manifesta le plus. L'ennemi avait pris les chassepots de l'Empire ; les fabriques de l'Etat en fournissaient 15,000 seulement par mois. D'octobre à janvier, grâce surtout à l'influence personnelle de Gambetta, 200 millions furent dépensés en achat d'armes et de munitions. Au mois de février le nombre de fusils de tous genres entre les mains des troupes ou en réserve s'élevait à plus d'un million. La variété des types (Remington, Snider, Springfield, Enfield, etc. etc.) rendait très difficile le ravitaillement des cartouches, mais on peut citer, à l'éloge de ceux qui opéraient la distribution, ces paroles de Chanzy : « L'armée de la Loire possédait quinze types différents de fusils ; les troupes n'ont jamais manqué de munitions appropriées. »

Un outillage, qui avait sans doute paru accessoire aux états-majors de l'Empire, et qui faisait complètement défaut à la date du 6 octobre, ce sont les cartes topographiques. Le général Martin des Pal-

(1) Nous empruntons la plupart de ces renseignements à l'ouvrage de M. Ch. de Freycinet, *La guerre en province*.

lières, à l'armée de la Loire, n'avait à sa disposition qu'un album Joanne acheté chez un libraire de Tours. Quelle différence avec les officiers prussiens qui avaient tous à leur disposition des cartes de notre pays au $\frac{1}{200,000}$ et qui les consultaient perpétuellement ! Du 15 octobre au 1er février, le bureau topographique composa et donna aux troupes 15,000 cartes. Ce résultat est d'autant plus remarquable que les cuivres de l'état-major étant restés à Paris, il fallut utiliser de vieilles cartes, et les restituer par une combinaison de l'autographie et de la photographie. Pendant la campagne de l'Est, nos généraux eurent à leur disposition des cartes frontières « dressées en Prusse », qu'un ingénieur français, envoyé en mission secrète dans ce but, avait réussi à se procurer.

Nous venons de parler du bureau topographique ; un autre bureau qui fut particulièrement précieux à certaines heures, ce fut le bureau des reconnaissances, destiné à recueillir le plus possible d'informations sur l'ennemi. Ici l'obstacle n'était pas matériel mais moral, tellement l'espionnage répugne au tempérament français. On eut beaucoup de peine parait-il, à faire dépenser, par nos généraux les fonds secrets qui leur étaient alloués pour surprendre les intentions de l'ennemi. Un décret ayant affecté à ce résultat une somme de 750,000 fr., il n'en fut employé que 300,000. Cependant les émissaires spéciaux qui traversaient les lignes prussiennes, les documents et les correspondances saisis sur l'ennemi, les prisonniers habilement interrogés fournirent une somme assez considérable de renseignements. Même l'ingénieur Cuvinot, mis à la tête de ce service, y déploya des qualités rares et obtint des résultats importants. Il maintint pendant des mois dans un quartier général prussien un agent habile qui rapportait de temps à autre des renseignements minutieux. Un autre agent procura dans le mois de décembre un plan des travaux d'investissement autour de Paris cherché à Versailles dans les bureaux du grand état-major.

Si des ingénieurs faisaient fonctions d'administrateurs, de magistrats, et même de préfet de police, si leur intelligence et leur zèle savaient se plier à toutes les besognes nécessaires, les plus hautes, comme de dresser des plans de guerre, et les plus vulgaires, comme de dépouiller les dépêches et même de copier les lettres, ils donnèrent toutefois leur maximum d'énergie dans la direction de leurs aptitudes professionnelles. Tout ce qui concerne le génie, les fortifications, la fabrication des engins, fut en grande partie assuré par le personnel des Ponts-et-Chaussées. D'ailleurs, le 30 novembre, un décret avait constitué le corps du génie civil des armées qui attribuait à chaque corps d'armée un ingénieur en chef, trois ingénieurs ordinaires, neuf chefs de section, neuf piqueurs, dix-huit chefs de chantier, et une compagnie de soixante ouvriers pouvant être portée à 300. Bien avant cette organisation définitive, le génie civil avait multiplié les travaux de défense, notamment autour d'Orléans où ils ne furent pas utilisés par le général en chef des armées de la Loire, comme on aurait pu l'espérer.

Une remarque analogue s'impose relativement au transport des troupes dont on a critiqué souvent la lenteur ou l'incohérence. De même que l'intendance a été à tort rendue responsable des fausses directions de convois de vivres qui résultaient des variations incessantes des plans des états-majors en campagne, de même la lenteur et l'incohérence relative des transports de troupes incombent, non au Comité d'ingénieurs ou d'employés supérieurs de chemins de fer qui étudiaient avec soin les lignes, les parcours, les réserves du matériel, mais aux Compagnies qui se pliaient de mauvaise grâce aux exigences de la situation. C'est ainsi que la première armée de la Loire, réorganisée vers le milieu de décembre sous le commandement de Bourbaki et qui, changeant de destination, fut chargée de se porter vers l'Est et de bloquer Belfort, mit une quinzaine de jours à se transporter par le chemin de fer de Saincaize à Clerval.

Revenons des services annexes auxquels on a fait trop longtemps porter presque tout le poids de nos défaites, à l'organisation de l'armée vraiment combattante. Lever des hommes à coup de décrets n'était pas la besogne la plus ardue ; le point délicat, ce fut de les encadrer. Où trouver des officiers pour une armée de 500,000 hommes ? Presque tous les officiers de l'armée régulière étaient blessés, prisonniers, enfermés dans Paris. Il fallut s'ingénier, suspendre les règles ordinaires, faire fléchir les garanties traditionnelles, surtout agir vite sous la pression des évènements, et s'il n'est pas surprenant que certains choix aient donné lieu à de justes critiqués, nous devons admirer les réserves inattendues d'intelligence, d'initiative et de courage que le pays put fournir et que nos gouvernants surent découvrir et mettre en valeur.

Pour constituer les cadres qui manquaient on fit appel aux officiers, aux sous-officiers et même aux simples soldats. Le décret du 13 octobre suspendit pendant la guerre les lois ordinaires de l'avancement. Aucun délai n'était obligatoire entre les grades et même plusieurs grades purent être franchis d'une seule étape. Les avancements ne devaient d'ailleurs être maintenus après la guerre qu'autant qu'une action d'éclat ou un mérite exceptionnel les aurait justifiés.

En second lieu les compagnies furent doublées dans tous les régiments de marche, ce qui diminuait de moitié l'effectif des capitaines nécessaires. Malheureusement des compagnies trop nombreuses ont l'inconvénient d'être moins cohérentes, moins dirigeables, et d'autre part beaucoup de capitaines étaient inexpérimentés ou vieillis.

Comme aux Etats-Unis pendant la guerre de sécession on fit appel pour recruter les officiers à toutes les classes de la société : fonctionnaires, étrangers, volontaires de toute provenance, officiers démissionnaires et marins. Et si les cadres auxiliaires constitués d'octobre à janvier ne produisirent pas les mêmes effets qu'aux Etats-Unis, il faut remarquer que les généraux et les officiers improvisés de l'Amérique commencèrent par être battus et ne l'emportèrent qu'après deux ans d'une lutte acharnée et d'une expérience péniblement conquise.

Nous devons toutefois mentionner, non seulement le courage irréductible, mais aussi les talents militaires des officiers supérieurs empruntés à la marine. Jauréguiberry, Jaurès, Gougeard, Penhoat, dont les noms sont justement populaires, ont été mêlés aux plus glorieux épisodes de cette sombre histoire ; tantôt ils ont consommé la victoire, comme Jauréguiberry à Coulmiers, et tantôt ils ont illustré la défaite comme Gougeard au plateau d'Auvours.

Ce que nous venons de dire suffit à montrer la somme d'initiative, de compétence et de dévouement déployée par les organisateurs de la Défense nationale en province, sous l'impulsion du patriotisme indomptable de Gambetta.

CHAPITRE II

Le Conseil municipal de Niort
au moment
de la proclamation de la République

Le 4 septembre 1870, à 8 heures du soir, parvenait à la préfecture de Niort le télégramme suivant :

« Paris, le 4 septembre 1870, 6 h. 50 du soir.

» *Le Gouvernement provisoire à MM. les Préfets,*
» *Sous-Préfets, Gouverneur général de l'Algérie,*
» *Généraux et à toutes les stations télégraphiques*
» *de France.*

» La dynastie impériale a cessé d'exister. La » population de Paris a prononcé sa déchéance » et proclamé la République. Un Gouvernement » national de défense, composé de députés élus à » Paris, dont les noms suivent, a été installé : » Arago, Crémieux, Jules Favre, Jules Ferry, » Gambetta, Garnier-Pagès, Glais-Bizouin, Picard, » Pelletan, Rochefort, Simon. »

Ce télégramme, immédiatement communiqué à M. le Maire de Niort, M. Monnet, provoqua la réunion d'urgence du Conseil municipal. A cette réunion, M. le Maire fit connaître que, dans les circonstances actuelles, les fonctions de l'administration pouvaient être considérées comme ter-

minées, mais qu'il tenait à honneur de les conserver ainsi que ses collègues, MM. Demay et
Delavault ; qu'il était décidé à rester avec eux à
son poste, si le Conseil voulait bien lui donner son
concours.

M. Maichain, après avoir remercié M. le Maire
et MM. les Adjoints, déclara que l'administration
avait toute sa confiance et qu'il était convaincu
qu'elle avait aussi celle de ses collègues.

Le Conseil tout entier s'associa à cette manifestation.

Sur la proposition de M. Ricard, M. le Maire,
entouré de son Conseil, fit à la porte de la mairie
la lecture de la dépêche qu'il venait de recevoir.

Puis à la reprise de la séance, M. Maichain proposa qu'une commission de 3 membres fût adjointe
à M. le Préfet pour prendre connaissance des dépêches qui pourraient arriver et se rendre compte
de la marche de l'administration jusqu'à la décision prise par le Gouvernement de la Défense nationale.

Le Conseil décida à l'unanimité qu'il y avait
lieu de procéder à la nomination de cette commission qui fut composée de MM. Ricard, Maichain et
Giraud. Il décida aussi que M. le Maire et MM. les
adjoints accompagneraient la commission et feraient
connaître à M. le Préfet la décision du Conseil municipal.

La séance suspendue fut reprise à minuit et quart.

M. Ricard rendit compte de la mission dont il
avait été chargé avec ses collègues : M. le Préfet
avait pris l'engagement d'honneur de communi-

quer immédiatement et sans exception toutes les
dépêches qui pourraient lui parvenir.

Le Conseil décida qu'il se contentait provisoirement de cette promesse, sauf à aviser le lendemain
s'il y avait lieu.

Le Conseil décidait ensuite que six de ses membres resteraient en permanence jusqu'à six heures
du matin et qu'à cette heure ils seraient remplacés
par six autres membres.

Au cours de la séance qui se tint le lendemain,
5 septembre, M. Maichain proposa d'adresser à la
population de Niort une adhésion au nouveau Gouvernement qui venait de s'établir conçue dans les
termes suivants :

« A nos concitoyens,
» A la suite des désastres de nos armées, un
» Gouvernement a été institué pour organiser la
» Défense nationale; la République a été proclamée;
» en présence des dangers qui menacent la patrie,
» unissons-nous tous dans un même sentiment
» d'ordre et de patriotisme, donnons notre adhé-
» sion unanime au nouveau Gouvernement et qu'un
» seul cri sorte de toutes nos poitrines :
» Vive la France !
» Vive la République ! »

Le Conseil accepta cette proposition et décida
qu'elle serait imprimée pendant la nuit pour être
affichée le lendemain matin.

A la séance du 11 septembre, M. Ayrault donnait
lecture d'une seconde proposition conçue en ces
termes :

« Sur plusieurs points de la France, indépen-
» damment de l'organisation de leur garde natio-
» nale sédentaire, les municipalités ont constitué
» dans leur sein un comité de défense nationale.
» On comprend aisément quel pourrait être l'effet
» vis-à-vis d'ennemis puissants, mais qui, en défi-
» nitive, n'ont pu apprécier toutes nos ressources,
» de la formation de comités organisant la défense
» dans chaque commune, autour desquels vien-
» draient se grouper tous les éléments pouvant y
» concourir, qui s'entendraient avec le pouvoir
» central et les municipalités des départements
» voisins, afin d'adopter en commun des mesures
» pouvant contribuer avec quelque efficacité à la
» protection du territoire, et qui aurait pour pre-
» mier avantage de faire savoir à nos ennemis avec
» quelle unanimité la France entière se lève et
» quelle organisation puissante elle a à opposer
» à ses envahisseurs.

» Dans une commission de cette nature, il faut
» y faire participer tous ceux qui, en dehors du
» Conseil municipal, peuvent apporter un concours
» utile. Je demande que la commission nommée
» par vous puisse s'adjoindre un certain nombre
» de nos concitoyens pris en dehors du Conseil ;
» ce serait, je crois, donner satisfaction à des aspi-
» rations très légitimes et faire appel à des dévoue-
» ments dont nous avons pu déjà apprécier le pa-
» triotisme.

» Dans la crise douloureuse que subit la patrie,
» il faut que chacun aide à la secourir. »

M. le Préfet croit qu'il est du devoir de tous de contribuer à la défense nationale et il fait part au Conseil municipal de son intention de composer un comité composé de 15 membres choisis parmi les conseillers municipaux, les conseillers généraux et les citoyens connus par leur patriotisme et leur dévouement aux affaires publiques.

Trois membres furent nommés par le Conseil municipal pour faire partie de ce comité : MM. Ayrault, Marot et Pellevoisin (1).

(1) Voir chap. 3. *Comité de Défense nationale*.

CHAPITRE III

Comité de Défense nationale

Le dimanche 11 septembre, le Conseil municipal de Niort s'était réuni pour entendre la lecture de deux propositions faites par l'un de ses membres.

La première, demandant l'envoi d'une adresse au Gouvernement provisoire, fut adoptée à l'unanimité.

Le document couvert des signatures de tous les membres du Conseil municipal fut envoyé le soir même au Gouvernement : il était ainsi conçu :

» *Le Conseil municipal de Niort aux membres*
» *de la Défense nationale*

» Vous avez été appelés non au pouvoir, mais
» au combat, au moment où la patrie en danger
» réclamait le concours puissant et énergique de
» tous les citoyens.

» Le langage noble et ferme que vient de tenir
» M. le Ministre des affaires étrangères dans sa
» circulaire à nos agents diplomatiques a produit
» sur tous les cœurs français la meilleure impres-
» sion (1).

» C'est bien ainsi, en effet, que devait parler le
» représentant d'une nation comme la France qui

(1) Circulaire de Jules Favre, du 6 septembre 1870.

» va retrouver, sous l'impulsion donnée par le
» nouveau Gouvernement, la mâle énergie de ses
» pères.

» Vous pouvez compter sur tous nos efforts pour
» vous aider à délivrer la patrie des ennemis qui
» l'ont envahie, et aussi sur notre dévouement
» pour affermir le pouvoir qui, nous l'espérons,
» rendra à la France sa puissance et sa grandeur
» que les derniers événements militaires ont si
» gravement compromises.

» (Suivent les signatures.) »

La deuxième proposition avait pour but la création, au sein du Conseil municipal, d'un Comité de
Défense nationale qui devait s'adjoindre, en dehors
du Conseil, un certain nombre de nos concitoyens
notoirement connus par leur patriotisme et leur
dévouement au pouvoir nouveau qui s'occupait
avec tant d'activité d'organiser la défense.

M. le Préfet des Deux-Sèvres, prévenu de cette
proposition avant la séance, fut prié de vouloir
bien se rendre au Conseil municipal.

Là, il exposa qu'il était d'autant plus heureux de
cette initiative qu'il avait reçu des instructions
ayant le même objet, c'est-à-dire d'organiser
vigoureusement et promptement la Défense dans
tout le département, à l'aide d'un Comité central
formé de membres pris dans tous les arrondissements.

Semblable organisation était en voie d'exécution
dans les départements de l'Ouest et M. le Préfet
des Deux-Sèvres était chargé de s'entendre avec

M. Joseph MAICHAIN

Président du Comité de Défense des Deux-Sèvres

ses collègues, pour mettre en rapport le Comité des Deux-Sèvres avec ceux formés dans les départements de la Vendée, de la Charente-Inférieure, de Maine-et-Loire, de la Mayenne, etc., soit pour centraliser les forces, soit pour décider de leur emploi.

La communication de M. le Préfet élargissant de beaucoup le cercle de la proposition émanant du Conseil municipal, celle-ci fut retirée pour se confondre avec le projet dû à l'initiative du Gouvernement. Le Conseil, invité à choisir trois de ses membres pour faire partie du Comité, nomma MM. Ayrault, Marot et Pellevoisin (1).

Le Comité central de Défense nationale du département des Deux-Sèvres fut installé le 14 septembre par M. le Préfet. Le Comité se trouvait composé de MM. Maichain, Ayrault, Marot, Pellevoisin, Goguet, Bastard-Pradel, Delavault, Ginestet, Caillet, Galodé, Hays. Le Comité devait s'adjoindre un Comité consultatif composé d'hommes spéciaux capables de l'aider dans la tâche qui lui était confiée.

Le Comité avait désigné, dans chaque canton, un délégué chargé lui-même de provoquer la formation d'un Sous-Comité qui devait correspondre avec le Comité central.

En dehors des Sous-Comités cantonaux, officiellement constitués, le Comité central faisait appel à tous les dévouements, à toutes les initiatives qu'elles soient personnelles ou collectives.

Des ligues de défense se formèrent dans toutes

(1) Voir *Mémorial des Deux-Sèvres* du 13 septembre 1870.

les régions, et M. Maichain, désigné par le Comité des Deux-Sèvres, partit pour Rennes où les délégués des départements de l'Ouest devaient se réunir pour s'entendre sur les moyens propres à empêcher l'ennemi d'envahir cette partie de la France. Une ligue du Sud-Ouest s'organisait également sur les mêmes bases.

Cependant le Gouvernement de la Défense nationale prévoyant les inconvénients que pourraient présenter le système des ligues, au double point de vue de la pratique et de la politique, prescrivit de renoncer à la centralisation par région et de la remplacer par l'organisation seulement départementale.

Le Comité de la Défense nationale des Deux-Sèvres se mit alors résolument à l'œuvre. Il commença par décider :

1º La création immédiate d'une compagnie d'ouvriers du génie, destinée à exécuter les travaux nécessités par la Défense dans le département ;

2º Mission aux délégués cantonaux d'ouvrir dans chaque commune des listes d'engagements pour les volontaires qui voudraient s'enrôler dans les corps francs appelés à la défense du pays ;

3º Appel au concours des hommes spéciaux du Comité consultatif pour organiser la compagnie d'ouvriers du génie ;

4º Mandat donné à MM. les ingénieurs et les conducteurs des Ponts et Chaussées et les agents-voyers, d'assurer la prompte exécution de cette décision.

Malheureusement, la prompte réalisation des

moyens de défense préconisés par les ligues était le plus souvent entravée par le mauvais vouloir des maires et des municipalités manifestement hostiles à la République. Le Gouvernement de la Défense nationale ne tarda pas à s'émouvoir d'une situation anormale qui paralysait ses efforts et il décrétait, le 15 septembre, qu'il serait procédé dans toutes les communes de France à une nouvelle élection des Conseils municipaux. Les nouveaux Conseils devaient être constitués le 29 septembre afin de permettre les élections pour une assemblée constituante.

M. A. Ricard, préfet de la Défense nationale, porté par le parti républicain sur la liste des candidats à la nouvelle assemblée, dut résigner ses fonctions.

M. Ricard fut remplacé par M. L. Mahou qui continua l'œuvre de la Défense si énergiquement commencée par son prédécesseur.

De son côté, le Comité de Défense nationale poursuivait sa tâche avec une activité fiévreuse soutenue par un élan patriotique et un dévouement admirables. Le 23 septembre, le Comité avait décidé la création d'une compagnie d'ouvriers du génie ; le 26 septembre, M. Ritter, ingénieur en chef des Ponts et Chaussées, membre du Comité consultatif, présentait au Comité de Défense un projet d'organisation de cette compagnie.

Ce projet fut adopté à l'unanimité et reçut la consécration officielle par arrêté du préfet de la Défense nationale en date du 30 septembre.

D'autre part, M. de Talhouet, se faisant l'interprête de vœux émis par certaines personnalités des treize départements de la ligue de l'Ouest, télégraphiait aux présidents des Comités de Défense de ces départements pour demander la nomination d'un chef actif, énergique, dévoué et sympathique au pays, capable de diriger la défense du territoire de la ligue et venir en aide à Paris dans la mesure du possible.

Le Comité des Deux-Sèvres repoussa à l'unanimité la proposition de M. de Talhouet en déclarant que, dévoué à la République, il ne marcherait qu'avec le Gouvernement.

En même temps, il demandait au Gouvernement de nommer des commissaires chargés de pleins pouvoirs civils et militaires, afin d'organiser la Défense dans deux ou trois départements placés sous leurs ordres ; quant à lui spécialement, il priait le Gouvernement de Tours de désigner immédiatement un commissaire général pour les départements des Deux-Sèvres, de la Vendée et de la Charente-Inférieure.

La légion mobile du génie de la Garde nationale était organisée et les cadres, nommés conformément aux délibérations du Comité de Défense nationale et aux propositions présentées par le corps des ingénieurs, formèrent la commission consultative de ce Comité.

Appelé à se prononcer le 29 septembre sur la question de la mobilisation de la Garde nationale, le Comité mesurant l'étendue du danger qui menaçait la France envahie et reconnaissant l'urgence des mesures énergiques et promptes en vue de le conjurer, exprimait le vœu que le Gouvernement réglât par un décret la mobilisation de la Garde nationale en adoptant pour base l'appel à l'activité de tous les citoyens âgés de 20 à 40 ans.

Ce vœu trouva quelques jours après son entière satisfaction dans le décret du 1er octobre qui mobilisait tous les Français de 21 à 40 ans, non mariés ou veufs sans enfants.

Pendant que l'Ouest s'organisait, le Sud-Ouest ne restait pas inactif. Une ligue du Sud-Ouest ayant son siège à Toulouse demandait aux départements limitrophes de s'associer avec elle à l'œuvre commune entreprise pour la défense du pays. A cet effet une réunion générale des délégués de 25 départements du Centre et du Midi eut lieu à Toulouse le 28 septembre. Invité à s'y faire représenter, le Comité des Deux-Sèvres avait désigné M. Jules Marot, l'un de ses membres.

Dans un remarquable rapport, M. Marot exposa à ses collègues du Comité, en termes clairs et précis, les circonstances de cette émouvante réunion dont les délibérations empreintes du patriotisme le plus pur se résumèrent dans les décisions suivantes : prostestation énergique contre les exigences de la Prusse, continuation de la guerre ; exécution, sans discussion, des ordres émanant du Gouvernement central ou de ses représentants ; levée en masse ; dans le cas où Paris succomberait, lutte à outrance ; obligation pour tout département de s'imposer extraordinairement pour un million au minimum ; enrôlement immédiat des séminaristes, des congréganistes et même des prêtres officiants.

Le 8 octobre M. Poinsignon était admis à présenter un projet d'organisation de francs-tireurs. Il demandait qu'on reconnût à cette troupe la qualité de belligérante et qu'on lui fournît les moyens de l'équiper et de l'organiser.

Le Comité approuvait dans son ensemble le projet qui lui était soumis et promettait de concourir dans la limite de ses attributions à sa réalisation.

Il avait été décidé par la ligue du Sud-Ouest que chaque département enverrait dans le plus bref délai auprès des représentants du Gouvernement, deux délégués chargés d'arrêter les préparatifs de la Défense nationale et d'en surveiller la première exécution.

M. Maichain, délégué seul par le Comité de Défense des Deux-Sèvres, se rendit à Tours et put se convaincre sur place des vues essentiellement centralisatrices du Gouvernement au point de vue de l'organisation de la défense. En ce qui concernait les questions urgentes qu'il avait mission de soumettre au Gouvernement, il reçut sur tous les points les réponses les plus satisfaisantes et les plus conformes aux désirs du Comité.

C'est à cette date que se place la nomination de M. Ricard au poste de commissaire extraordinaire de la Défense nationale dans les départements de la Vendée, des Deux-Sèvres et de la Charente-Inférieure.

Dans sa séance du 19 octobre, M. Ricard présentait au Comité de défense des Deux-Sèvres deux projets d'arrêtés aux termes desquels les gardes mobiles et les gardes nationaux mobilisés retarda-

taires, permissionnaires, etc., qui ne se seraient
pas présentés à M. le capitaine-major, à Niort, dans
les délais légaux, seraient considérés comme déser-
teurs.

En même temps, le Comité de la Défense nationale adressait une lettre pressante aux maires des
départements pour les prier de réunir immédiatement leur Conseil municipal assisté des plus forts
imposés de la commune afin de voter des ressources extraordinaires en vue de concourir à l'équipement des gardes nationales mobilisées.

Le 10 novembre, M. Detzem, ingénieur en chef
du département, demandait au Comité l'autorisation de commencer les travaux de défense destinés
à entraver la marche de l'ennemi.

A partir de cette époque, le Comité de la Défense
nationale semble n'avoir plus eu qu'une existence
nominale. N'ayant jamais agi qu'avec une mission
officieuse, il lui était difficile de prendre part à la
direction des affaires concurremment avec l'administration. De plus, il s'était trouvé, dès le début,
en butte au mauvais vouloir d'un grand nombre de
maires qui par esprit de parti entravaient la défense,
s'imaginant que pour sauver la France il suffisait
de combattre la République ; ensuite il lui fallait
continuellement réagir contre les résistances et la
routine de la bureaucratie militaire (1).

Il n'est donc pas surprenant que, dans ces conditions, le découragement ait succédé à l'ardeur
patriotique du début. Du reste, Metz avait capitulé

(1) V. lettre de M. Ricard au Ministre de la guerre. Appen-
dice : *Les Mobiles des Deux Sèvres*.

(27 octobre), le plan Trochu avait échoué à Beaune-la-Rolande (28 novembre), Orléans était repris. Tant de revers, alors qu'on avait eu un rayon d'espérance, avaient fini par émousser les énergies pourtant si vives mais devenues, malgré tout, inopérantes, des citoyens généreux, courageux et dévoués qui composaient le Comité de Défense nationale du département des Deux-Sèvres.

M. Amable RICARD
Préfet de la Défense nationale dans les Deux-Sèvres
Commissaire extraordinaire de la Défense dans les Deux-Sèvres
la Vendée et la Charente-Inférieure

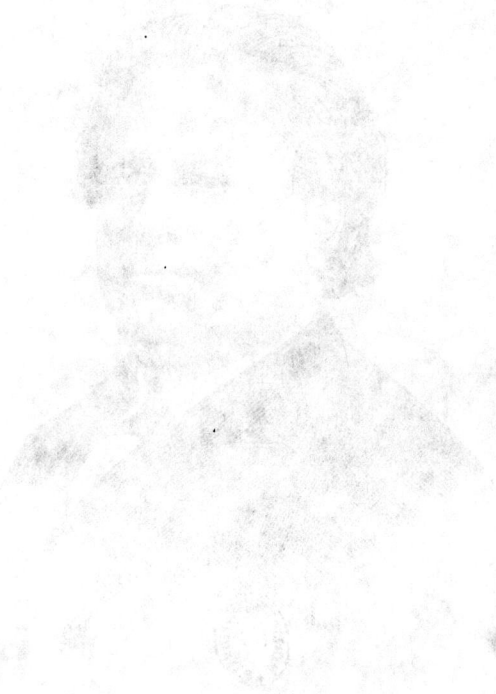

CHAPITRE IV

A. Ricard

Nous nous proposons dans ce chapitre de mettre en relief comme il convient, au milieu des efforts de tous, l'effort centralisateur, l'impulsion directrice donnée par Ricard à la Défense nationale dans le département des Deux-Sèvres, puis dans ceux de la Charente-Inférieure et de la Vendée. Nous avons d'ailleurs réussi à découvrir un certain nombre de documents inédits qui éclairent son rôle et honorent son caractère.

Ricard, avocat déjà très connu dans toute la région par son beau talent d'orateur, s'était en 1868, 1869, mêlé à la politique en défendant les intérêts des journaux indépendants, notamment du *Mémorial des Deux-Sèvres*, à plusieurs reprises poursuivi par les procureurs de l'Empire. Aussi, quand le régime du Deux-Décembre s'écroula sous le poids de ses fautes, le Gouvernement de la Défense nationale fit naturellement appel au talent, à l'énergie, au patriotisme de Ricard. Il fut nommé, le 6 septembre, préfet des Deux-Sèvres ; sa proclamation du 13 septembre vaut la peine d'être citée :

« Citoyens des Deux-Sèvres,
» L'organisation de la Défense nationale marche
» dans notre département avec un ensemble et une
» rapidité que votre courage et votre patriotisme

» pouvaient seuls enfanter ; nos gardes-mobiles
» sont ici prêts à partir ; nos gardes nationales
» s'organisent ; demain, elles seront armées.

» Dans Paris, on sent à chaque heure grandir la
» résolution des habitants. L'union est faite entre
» les partis. Toutes les volontés, toutes les acti-
» vités sont consacrées à la formation, à l'arme-
» ment, à l'exercice de la garde nationale et les
» mobiles affluent salués par des acclamations
» unanimes.

» Courage donc, imitons ce noble exemple ;
» organisons le Comité de Défense des Deux-Sè-
» vres, formons des corps de volontaires et pré-
» parons la ligue de nos départements de l'Ouest
» pour écraser les envahisseurs.

» Levons-nous , unissons-nous , serrons-nous
» sans souci politique autour du Gouvernement
» de la Défense nationale et nous serons invin-
» cibles. Que chaque citoyen soit soldat !

» Et que ceux-là soient à jamais flétris qui sème-
» raient la division ou refuseraient un fusil. Vive
» la République ! »

Le mercredi 14, Ricard, accompagné du général
Orianne, commandant la subdivision, passa la revue du 3ᵉ bataillon des mobiles sur la place de la
Brèche ; le même jour, il présida le Comité de
Défense des Deux-Sèvres organisé au sein du Conseil municipal dans sa séance du 11 septembre
1870 ; le 20, grâce à une allocution vibrante de
patriotisme, il fit nommer par acclamation M. Rouget, lieutenant-colonel du 34ᵉ régiment des Mobi-

les, le capitaine Grand, précédemment élu, ayant
donné sa démission (1).

Le 23 septembre, après dix-huit jours dont chacun avait réalisé un progrès important dans l'œuvre de la Défense, Ricard, candidat aux élections
pour la formation d'une Constituante, résignait ses
fonctions de préfet et était remplacé par M. Mahou.
Le 24, un décret du Gouvernement ajournait toutes
les élections. Ricard fut alors nommé commissaire
général de la Défense nationale dans les Deux-
Sèvres et la Charente-Inférieure ; puis, au mois
d'octobre, commissaire extraordinaire dans les
départements des Deux-Sèvres, de la Vendée, de
la Charente-Inférieure ; enfin, au mois de novembre, vice-président du camp d'instruction de La
Rochelle.

En cédant la préfecture à M. Mahou, Ricard
s'exprimait ainsi, dans une proclamation :

« Citoyens des Deux-Sèvres,
» Lorsque le Gouvernement m'a chargé d'orga-
» niser la Défense dans votre département, j'ai
» fait appel à votre patriotisme et à votre dévoue-
» ment ; je vous ai demandé le calme qui permet
» les résolutions viriles, l'ordre qui affirme la
» liberté.

» Vous m'avez donné tout cela et aujourd'hui
» que ma mission va finir, je dois vous remercier
» du concours que vous m'avez tous apporté. Au
» milieu de nos douleurs communes, c'est pour

(1) Voir *Les Mobiles des Deux-Sèvres*, chapitre II : Organisation de la Garde nationale mobile.

» tous un grand exemple et pour moi une conso-
» lation véritable que ce courage et cette union
» qui ne se sont pas démentis un seul instant.

» Vous savez pourquoi je me retire ; dans quel-
» ques jours, je vais me présenter à vos suffrages
» et vous demander de m'envoyer à un poste de
» combat où, soyez-en convaincus, je ferai encore
» mon devoir.

» Le Gouvernement a mis à votre tête un homme
» sur le patriotisme duquel je vous affirme que
» vous pouvez compter. Comme vous, comme
» moi, il n'aura d'autre pensée, d'autre désir,
» d'autre but, que le salut de la patrie et la déli-
» vrance du pays.

» Continuons donc ensemble notre tâche patrio-
» tique. C'est notre territoire, ce sont nos frères,
» c'est la liberté qu'il faut sauver ! »

Un décret du 1er octobre ajourna les élections générales jusqu'au moment où elles pourraient se faire sur toute la surface de la République. Ricard put donc se livrer entièrement à l'organisation de la Défense dans les trois départements dont il avait la direction. Il apporta dans ses fonctions de commissaire général la même ardeur patriotique que dans celles de préfet. La volumineuse correspondance échangée d'octobre à la fin de novembre avec le président du Comité de Défense de Niort témoigne de l'activité, de l'énergie inlassables qu'il mit au service de son devoir. Il sentait, comme Gambetta, la nécessité d'agir vite, de coordonner les efforts. Malheureusement ses vues, ses projets se heurtaient à beaucoup d'obstacles dont le moindre n'était pas l'inertie des bureaux militaires de Tours. Las de lutter, il donna sa démission de commissaire général.

Le 4 novembre, satisfaction ayant été donnée à ses justes réclamations, Ricard retira sa démission et continua ses fonctions de commissaire général que le Gouvernement voulait étendre à huit départements quand il fut nommé, le 28 novembre, vice-président du camp de La Rochelle. Il se consacra à sa nouvelle tâche avec la même ardeur infatigable. Le 30 novembre, il écrivait de La Rochelle au président du Comité de Défense de Niort, M. Maichain :

    « Mon cher Maichain,
» Je vous écris deux mots après une journée
» écrasante de fatigue et j'entre de suite en ma-
» tière ; il y a lieu de s'inquiéter du choix du camp,
» je veux dire de l'emplacement ; le Comité mili-
» taire de La Rochelle qui est déplorablement
» composé, a l'idée saugrenue de faire non pas
» un camp fortifié, mais un département fortifié ;
» en effet, leur projet est de faire commencer le
» camp à Mauzé pour, s'appuyant sur la forêt de
» Benon et les Marais, aller à La Rochelle dans un
» sens et dans l'autre à Surgères, et de Surgères à
» Rochefort ; cela n'a pas l'ombre de bon sens,
» mais comme le décret donne à ce Comité du
» département le droit du choix, ils feront ce
» coup-là. Cependant, les sept départements qui
» paient leur part de ce camp ont bien le droit de

» donner leur avis ; j'ai télégraphié au ministre
» pour demander à être admis à faire partie de ce
» comité-là ; appuyez, ou nous aurons un projet stu-
» pide ; voilà un premier point important et urgent,
» puisqu'ils doivent choisir dans les cinq jours. »·

L'entente sur l'emplacement du camp projeté ne pouvait, avec cette disposition d'esprit, laisser d'être laborieuse. Les pourparlers se prolongèrent outre mesure, si bien que la commission spéciale réunie, à cet effet, dès les premiers jours de novembre, ne parvint à se mettre d'accord qu'à la fin de décembre. Plusieurs projets mis en avant furent successivement abandonnés : camp de La Rochelle, camp stratégique de Surgères, camp d'Aigrefeuille, ces trois projets ne purent aboutir ; enfin, on se décida, en dernière analyse, pour un quatrième projet fixant l'emplacement aux environs de Dompierre-sur-Mer, près La Rochelle.

Cependant ces hésitations ne ralentissaient ni le zèle, ni l'activité de Ricard. Après avoir organisé les bataillons de mobilisés, les avoir quelque peu dépaysés en les dirigeant les uns sur Parthenay, les autres sur Coulonges, il se préoccupait, dès le 1er décembre, de l'établissement des batteries d'artillerie destinées à la Garde nationale mobilisée du département. Le 6 décembre, il faisait appel aux anciens artilleurs : artificiers, maréchaux-ferrants, ouvriers charrons, forgerons, etc.

Le 10 décembre, un décret le nommait vice-président civil du camp de Dompierre dit camp de La Rochelle.

Le 20 décembre, le département des Deux-Sèvres ayant été classé des premiers parmi ceux qui
avaient donné une vigoureuse impulsion à l'organisation de la Défense, Ricard recevait du Gouvernement de Bordeaux la dépêche suivante :

« Bordeaux, 17 décembre 1870.

» *Le Ministre de l'Intérieur*
» *à M. Ricard, commissaire général à Niort.*

» La délégation a promis gratuitement des ca-
» nons aux départements qui seraient les premiers
» à avoir terminé leur matériel roulant.
» Or, vous êtes dans ce cas : livraison vous sera
» faite. »

Le 23 décembre, Ricard est à Angoulême. Il se
rend compte du degré d'organisation des bataillons
mobilisés de la Charente et décide, avec le préfet
et le général commandant supérieur des mobilisés,
l'envoi de ces bataillons au camp de La Rochelle.

Au mois de janvier, il poursuit avec la même
ardeur infatigable l'achèvement de cette lourde
tâche à laquelle il s'est voué corps et âme, sans
trêve ni repos, pressant, encourageant ses collabo-
rateurs, soutenant par une énergie qui triomphe
des difficultés et renverse les obstacles, jusqu'au
jour où l'armée de la Loire en déroute, l'armée de
l'Est hors de combat, met à néant toutes ses espérances et les admirables mais vains efforts de sa
volonté sans cesse agissante.

L'armistice conclu, c'est sur un autre théâtre

que nous allons suivre Ricard où il remplira encore un rôle prépondérant pour travailler au relèvement de la patrie mutilée.

Le 8 février 1871 eut lieu l'élection des députés à l'Assemblée nationale ; Ricard, porté sur trois listes : républicaine, royaliste et une troisième liste, dite de conciliation, ne fut élu que le dernier par 38,000 suffrages, tandis que M. Alfred Monnet en obtenait 60,000. Les débuts de Ricard à la tribune parlementaire ne furent pas ce qu'on attendait de sa réputation ; ils tardèrent à se produire et quant à la séance du 1er mars 1873, il monta à la tribune après M. Dufaure, garde des sceaux, ce fut un insuccès. Il est vrai que, quelques semaines après, il obtenait une éclatante revanche que consacrait son élection comme vice-président de l'Assemblée, le 1er mars 1875. Le 20 février 1876, aux élections générales, Ricard fut battu par le baron Pétiet ; mais le maréchal de Mac-Mahon l'appela au ministère de l'intérieur dans le cabinet Dufaure (9 mars 1876) et le 15 mars 1876, il était élu sénateur inamovible, en remplacement de M. de La Rochette.

Voici, dans une lettre qui nous a été communiquée l'opinion fort intéressante à connaître de M. Thiers sur notre compatriote :

« Versailles, 12 octobre 1871.

» Mon bien cher collègue,

» ....

» Notre pauvre Lambrecht a fini bien promptement et bien douloureusement pour sa famille

» et pour nous. J'aurais bien voulu que de cette
» mort si cruelle eût pu sortir une occasion de
» vous faire la place que vos talents vous assu-
» reront plus tôt ou plus tard. Mais j'ai vu naître
» tout de suite dans le Conseil des tendances op-
» posées, et toute ma politique repose sur l'apaise-
» ment, l'apaisement sur l'union des partis. J'ai dû
» arrêter sur-le-champ le mal que je voyais prêt
» à éclater, ce qui nous aurait fait manquer encore
» une fois le traité qui va être signé et que la
» Chambre a retardé d'un mois. J'ai alors appelé
» à l'Intérieur et décidé à accepter le ministère
» mon ami Casimir-Périer qui est en lui-même
» une conciliation des tendances rivales, et un
» grand nom populaire dans le pays et dans la
» Chambre. Il était sans le vouloir un point de
» ralliement pour beaucoup d'hostilités plus ou
» moins ouvertes ou cachées, et leur dispersion
» sera la suite de son avènement au Ministère.
» Presque tout le monde approuve ce choix, sauf
» les amis de Picard auquel une partie du cabinet
» donnait l'exclusion.

» J'espère que la session prochaine vous four-
» nira l'occasion de faire éclater les talents que je
» vous connais, que tout le monde vous suppose
» et que la grande publicité de la tribune consa-
» crera définitivement.

» Les nouvelles de Berlin sont excellentes et si
» je ne consultais que l'intérêt de mon amour-pro-
» pre, je les publierais. On verrait qui de moi ou
» de mes adversaires avait raison et qui de moi ou
» d'eux inspire confiance à l'Europe. On voulait

» des effets négociables qu'on promettait par un
» protocole de ne pas négocier tant que je serais
» au pouvoir. J'ai refusé *absolument* une condition
» qui enchaînait la Chambre et le pays à ma per-
» sonne. La Prusse y a consenti et se contentera
» de la parole seule du Gouvernement pour com-
» mencer l'évacuation. Voilà du moins les nou-
» velles de ce matin.

» Gardez tout cela pour vous, mon cher collègue
» et ami, et croyez toujours à ma sincère amitié
» fondée sur une profonde estime.

> » A. THIERS. »

L'appréciation de M. Thiers est le meilleur com-
mentaire final que nous puissions donner sur la
valeur politique et gouvernementale de Ricard ;
cette valeur n'a pas eu le temps de se déployer,
puisqu'après deux mois seulement de ministère,
une crise cardiaque emportait, presque subitement,
l'homme d'Etat sur lequel se fondaient tant d'espérances.

L'impression fut profonde. Paris fit à Ricard des
funérailles nationales. A Niort, une foule immense
suivit le char funèbre, dans un sentiment unanime
de respect et de reconnaissance pour le bon citoyen qui, aux heures douloureuses, n'avait pas
désespéré de la patrie. C'est surtout en effet le
souvenir du patriote, de l'organisateur de la Défense dans les Deux-Sèvres qui restera gravé dans
les mémoires.

ANNEXE [1]

Amable Ricard (1828-1876)

Amable Ricard est né à Charenton, chef-lieu de canton du département du Cher, le 12 juin 1828. Son père, qui appartenait à l'administration des Contributions directes, fut nommé directeur à Niort en 1843 ; dans sa famille, originaire de la Provence, on trouve des magistrats et des militaires.

Brillant élève du collège de Niort, Ricard termina ses études au lycée de Poitiers, y fit son droit et revint se faire inscrire au barreau de Niort où ses facultés d'assimilation et sa parole vibrante lui donnèrent la première place. Il épousa en 1856, Mlle Clerc-la-Salle, fille du vice-président du tribunal civil.

Après avoir plaidé avec une éloquence indiscutable et des succès divers dans les procès Plassiard, de la Meilleraye, Babin, etc. ; après avoir soutenu le *Mémorial des Deux-Sèvres* dans une poursuite de presse, il entrait, en 1869, dans la politique, en appuyant aux élections législatives la candidature indépendante du marquis de Laroche-Jacquelein contre le candidat officiel M. Leroux.

C'était l'époque où Gambetta voyageait en Angleterre pour y rencontrer les princes d'Orléans, et où de fermes républicains mettaient leurs enfants dans les institutions religieuses pour leur éviter le cri de : « Vive Napoléon III », multiplié dans les lycées de l'Empire.

En septembre, à la suite des élections législatives qui avaient eu lieu le 23 mai, et où le candidat officiel,

(1) Nous avons utilisé pour ce chapitre les « Archives politiques » des Deux-Sèvres, de M. Emile Monnet, et surtout l'excellente notice lue par son auteur, M. Emile Breuillac, le 24 février 1900, à la Conférence Boncenne.

M. Leroux, fut élu, M. de Laroche-Jacquelein intenta
plusieurs procès contre l'administration pour irrégu-
larités commises et ses intérêts furent soutenus par le
chef du parti libéral, Amable Ricard. Il n'est pas indif-
férent, avant d'aborder la vie politique de notre éminent
compatriote, de donner l'exorde de sa plaidoirie :

« Messieurs, M. de Laroche-Jacquelein et moi, nous
» n'avons point, sur toutes choses, les mêmes sentiments
» ni les mêmes idées. Il se peut qu'il conserve pieuse-
» ment au fond de son cœur de respectueuses sympathies
» pour le dernier représentant de ceux qui ont régné en
» France, tandis que moi je garde dans mon for intérieur
» le culte fidèle d'une forme opposée de gouvernement,
» le culte de la forme républicaine.

» Mais lui et moi sommes des libéraux avant tout ;
» lui et moi, nous mettons bien au-dessus de nos préfé-
» rences personnelles nos devoirs envers la liberté et les
» grands intérêts du pays. Lui comme moi, nous désirons,
» nous ne recherchons que le triomphe de nos idées libé-
» rales ; c'est cette grande cause qu'avant tout nous vou-
» lons servir, c'est sur ce loyal et large terrain que lui et
» moi nous nous sommes rencontrés, unis au cours d'une
» lutte électorale, et c'est sur ce terrain de droit, ce
» terrain de respect de la loi qu'aujourd'hui, je suis venu,
« à son appel, lui apporter un concours sympathique et
» dévoué.

» Je suis de ceux qui aiment les situations nettes ;
» ceux qui supposent et qui ont écrit que lui et moi nous
» étions les adversaires systématiques et obstinés de l'or-
» dre des choses actuelles se trompent étrangement.
» Nous sommes des irréconciliés, mais non des irrécon-
» ciliables. »

Ces dernières paroles, qui n'engageaient sans doute
que l'orateur, paraissent inquiétantes ; l'ensemble de
cet exorde est dans une manière large, aisée, un peu
flottante de forme et de conviction. Mais avant de juger
l'homme politique qui débute à peine et ne réapparaîtra
qu'après l'œuvre de défense nationale, faisons le portrait
de l'avocat.

Voici ce que dit l'un de ses collègues du barreau (1) :

« Il avait toutes les qualités physiques que les maîtres
» de l'éloquence ont, dans tous les temps, exigées de
» l'orateur : une large poitrine, une physionomie ex-
» pressive, un geste énergique, une voix pleine et
» sonore. Il semblait que la nature eût voulu établir
» chez lui une complète harmonie entre les facultés
» physiques et les facultés morales. En effet, ce visage
» aux traits accusés et parlants devait refléter tous les
» mouvements de l'âme, et cette voix souple et forte à
» la fois était un admirable instrument fait pour tra-
» duire tous les accents de la passion. »

Un décret du 1er octobre ajourna les élections générales jusqu'au moment où elles pourraient se faire sur
toute l'étendue du territoire. Ricard put donc se livrer
entièrement à l'organisation de la défense dans les trois
départements qui lui avaient été confiés. Il apporta dans
ses fonctions de commissaire général la même ardeur
patriotique que dans celles de Préfet des Deux-Sèvres.
La volumineuse correspondance échangée d'octobre à
fin novembre avec le président du Comité de défense de
Niort, M. Maichain, témoigne de l'activité, de l'énergie
inlassables avec lesquelles Ricard s'appliquait à secon-
der les vues de Gambetta. Malheureusement sa bonne
volonté fut souvent entravée par les bureaux de Tours
qui ne se pliaient que difficilement aux exigences pres-
santes de la situation.
Donnons d'abord deux lettres caractéristiques :

» *Ministère de la Guerre à M. le Commissaire*
» *de la Défense Nationale, Niort*

» Tours, le 22 octobre 1870.

» Vous n'avez pas qualité pour donner ordre aux
» arsenaux de délivrer des armes ou du matériel. Faites

(1) Discours de Me Lévrier, aux funérailles de Me Ricard.

» réintégrer immédiatement à l'arsenal de La Rochelle
» les 3,000 fusils Chassepot que le Directeur a eu le
» plus grand tort de vous expédier, ainsi que les 514
» envoyés à Rochefort pour l'artillerie de la garde
» mobile.

» L'artillerie est faite pour tirer le canon et non le
» chassepot. »

» Note de Gambetta (en marge)

» Il est cependant nécessaire, puisque les 1400 et
» 1500 mobiles qu'on vient d'armer de chassepots sont
» disponibles, de les armer et de les familiariser avec
» leurs armes, pour éviter les inconvénients qui se sont
» déjà produits dans plusieurs engagements ; j'autorise
» le maintien entre les mains de ce bataillon des chas-
» sepots distribués ; on réintègrera le surplus. »

« *Lettre de A. Ricard au Ministre de la Guerre*

» Niort, le 28 octobre 1870.

» Monsieur le Ministre,
» Il ne m'est plus possible de conserver ces fonctions
» de Commissaire que malgré de vives contrariétés per-
» sonnelles j'avais continué de remplir dans le seul
» espoir d'être encore utile à mon pays. En dehors de
» vous, vos bureaux entravent et paralysent tout essor
» indépendant qui veut faire marcher la défense ; con-
» sultés, leur réponse parvient dans les départements
» quatre ou cinq jours après la demande et souvent
» incomplète ; si l'on agit, sans prendre leur avis, celui
» qui a cette audace est blâmé, et même après vos déci-
» sions, ils renouvellent et propagent le blâme immérité,
» en répétant que la révocation frappe tout agent de
» l'autorité militaire qui obéit aux ordres de l'autorité
» civile.

» Ainsi tout est changé, et cette bureaucratie mili-
» taire, la cause principale de nos désastres, est plus
» puissante que jamais ; eh bien, j'affirme, monsieur le

» Ministre, qu'il y a là un véritable danger ; pour gagner
» du temps, et se trouver prêts dans quinze jours, il
» fallait agir, soumissionner, habiller, équiper en aban-
» donnant la vieille ornière de l'intendance militaire, de
» l'autorité militaire, de la bureaucratie militaire ; mais
» s'il faut suivre les vieux errements, rien ne sera prêt
» pour la garde nationale mobilisée, ni l'habillement, ni
» l'équipement, ni les armes, ni les cartouches, et si
» l'on parvient à trouver des armes, où prendre des
» cartouches ? J'avais proposé il y a huit jours d'établir
» un atelier de fabrication ici, on a répondu en votre
» nom que je pouvais m'adresser aux travaux publics,
» mais qu'on ne croyait pas à un besoin pressant, et il
» y aura, dans les Deux-Sèvres seulement, neuf mille
» hommes à pourvoir et pas de réserve de munitions.

» Dans nos départements nous voyons, nous autres,
» l'impuissance absolue de cette vieille administration :
» vous, monsieur le Ministre, qui êtes à sa tête, vous
» l'ignorez, et j'ai cru de mon devoir de vous le dire. Je
» désire ardemment me tromper, mais je n'en ai nul
» espoir, et ne pouvant rien faire des pouvoirs discré-
» dités, restreints, annihilés que vous m'aviez conférés,
» quelque grand que soit mon chagrin de laisser ma
» tâche inachevée, j'ai l'honneur de vous adresser ma
» démission de Commissaire dans les départements des
» Deux-Sèvres, Vendée et Charente-Inférieure.

» Veuillez agréer, monsieur le Ministre, l'assurance
» de mes sentiments respectueux.

» A. Ricard. »

Des lettres journalières adressées au Comité de défense de Niort, attestent une ardeur qu'aucun obstacle
n'arrête. Elles stimulent le zèle, ouvrent des vues, en-
trent dans les détails de l'organisation. Voici quelques
extraits d'une lettre adressée à M. Maichain, le 28 novembre 1870, à Niort :

« Mon cher ami,
» ..... Je reviens à diverses choses que j'ai oubliées :
» 1º Savoir si c'est sérieusement qu'on veut, par l'article

» 8 du décret du 25, rappeler le premier ban des hom-
» mes mariés, du 1er au 10 décembre, et les deux autres
» entre le 20 et le 30 déeembre ; alors demandez des
» instructions pour que nous ne soyons pas en retard
» et demandez surtout si nous pourrions envoyer prompt-
» tement nos mobilisés célibataires au camp ; délivrés
» de ce souci-là, nous pourrons agir de suite pour les
» autres, mais alors qu'on nous donne sur-le-champ
» nos fusils pour les armer tous ; s'il n'est pas possible
» d'armer les célibataires, comment peut-on avoir la
» pensée de réunir les bans des mariés sans armes ?

» 2o Demander comment on organisera ce camp de
» La Rochelle ; des baraques en planches cela vaudra
» mieux ; les planches ne nous manqueront pas à La
» Rochelle, mais il faut nous fixer, et l'on se mettrait à
» l'œuvre sur l'heure.

» Tout va bien ici jusqu'à présent. Je crois qu'il serait
» bon de préciser que je ne demande le titre de Com-
» missaire général des 8 départements que pour m'oc-
» cuper uniquement des mobilisés de tous les bans.

» Adieu ; envoyez-moi dépêches et lettres ; je vous
» écrirai encore ce soir.

» A vous de cœur.

» Votre ami dévoué,

» A. RICARD. »

Voici une autre lettre, du 29 novembre 1870, à Niort :

« Mes chers amis,

» Je vous adresse ma réponse à tous les deux, puis-
» que tous les deux vous vous occupez de nos affaires
» et que tous les deux m'avez adressé la dépêche à la-
» quelle j'ai déjà répondu par télégramme. Ainsi que je
» vous l'ai dit, j'accepte les fonctions de vice-président
» du camp de La Rochelle, et je fais volontiers le sacri-
» fice du titre de Commissaire général ; la seule chose
» que je désire, c'est d'avoir les pouvoirs nécessaires
» pour faire bien et rapidement ; or, cela n'est possible
» qu'autant que l'accord le plus complet règnera entre
» le général de division qui sera nommé au camp, et

» moi, et c'est à ce titre que je regrette vivement l'im-
» possibilité d'avoir le général Mazure avec nous. Je n'ai
» malheureusement pas de renseignements pour indi-
» quer un autre nom que le sien ; serez-vous plus heu-
» reux que moi ? Et vous particulièrement, mon cher
» Préfet, ne pourriez-vous pas avoir quelques rensei-
» gnements par M. Bourrée ? — Donc, quant au pre-
» mier point, le commandant du camp, je ne connais
» personne à vous désigner ; cependant je vais m'occu-
» per ce soir de réunir des renseignements et peut-être
» demain matin pourrai-je vous en envoyer d'assez
» complets pour vous guider dans le choix du person-
» nel..... Si le Ministre le désire, j'irai moi-même me
» concerter avec lui, mais j'aimerais mieux partir pour
» La Rochelle et me mettre de suite à l'œuvre.

» Tenez bon pour notre subvention de cinq cent mille
» francs, également pour les canons et les fusils ; plus
» que jamais tout cela est nécessaire.

» Adieu ; je vous serre la main à tous les deux ; si par
» hasard vous ne m'aviez pas écrit ce soir, envoyez-moi,
» aussitôt la réception de cette lettre, une dépêche pour
» me dire où tout en est et me fixer sur les points qui
» font encore difficulté.

» Votre ami bien dévoué,

» A. RICARD. »

« 1er février 1871.

» *Ricard, Commissaire extraordinaire,*
» *à Crémieux, Bordeaux.*

» Personnelle. — Je crois de mon devoir de vous dire
» nettement mon sentiment sur votre dernière procla-
» mation et votre dernier décret. Je déplore la conclu-
» sion de l'armistice sans qu'on ait consulté la Déléga-
» tion. Si j'arrivais à l'Assemblée, je n'accepterais la paix
» que sur la base de l'intégrité du territoire du la Répu-
» blique ; mais je regrette profondément la proclama-
» tion où vous attaquez le Gouvernement de Paris que

» malgré ses fautes nous devons soutenir et où vous
» donnez à un ennemi sans foi un prétexte pour rompre
» l'armistice ; il faut, sans doute, durant ces 21 jours,
» nous préparer à la lutte avec une indomptable acti-
» vité, mais non le publier.

» Quant au décret qui crée des exclusions et des indi-
» gnités, c'est une atteinte grave portée au suffrage
» universel, c'est la violation de la liberté électorale.
» Le Pays, soyez-en assuré, quelque légitimes que soient
» vos méfiances, n'en tiendra pas compte et votre décret
» inobservé n'aura servi qu'à désigner aux partisans de
» de la paix quand même, ceux qu'ils doivent nommer.
» Il valait mieux adjurer le pays de ne pas élire ceux
» qui avaient voté cette abominable guerre, vous auriez
» été écouté dans bien des départements, et vous ne
» donniez pas un démenti à tout votre passé.

» Agréez.....

» RICARD. »

« Niort, le 8 mai 1871.

» Mon cher Maichain,
» Je ne suis plus rien ; j'envoie ma démission de
» Commissaire extraordinaire et de vice-président du
» camp ; voulez-vous être assez bon pour réunir le
» Comité de défense, lui faire connaître cette situation
» nouvelle, et lui dire combien j'ai été heureux pendant
» longtemps, de l'union intime qui a existé entre nous,
» et du concours si patriotique et si dévoué qu'il m'a
» prêté, vous à sa tête ; par lui et par vous, je le dis
» hautement, tout a bien marché dans les Deux-Sèvres.
» Sans doute, nous nous sommes, à la dernière heure,
» divisés sur une question politique, mais, en ce qui
» me touche, je vous prie de l'affirmer à nos amis com-
» muns, ce dissentiment ne pouvait rien changer et n'a
» rien changé aux sentiments d'estime et d'amitié que
» je leur ai voués. Faites appeler le chef d'escadron
» d'artillerie, M. Doussot, et communiquez-lui cette dé-
» pêche : qu'il se mette à l'œuvre sur-le-champ pour en
» terminer promptement ; nos amis, même après notre

» séparation, lui donneront leurs bons avis ; il importe
» que tout soit prêt et expédié avant le 10 à Rochefort ;
» prenez enfin toutes les mesures pour assurer les ser-
» vices que nous avons organisés.

   » Adieu, et bien à vous de tout cœur.

           » Votre ami dévoué,

                  » A. RICARD. »

CHAPITRE V

Armée active

Au moment de la déclaration de guerre, le 1er régiment de hussards tenait garnison à Niort. Il quitta notre ville les 23 et 24 juin 1870 et se rendit par étapes au camp de Châlons où il devait faire partie du 6e corps, en formation sous les ordres du maréchal Canrobert. Il était ordonné qu'il ne se servirait pas des voies ferrées, ce qui indiquait déjà l'encombrement de nos moyens de transport et le commencement du désarroi qui n'allait faire que croître grâce à l'incurie de l'état-major.

Le 1er hussards était commandé par le colonel prince de Bauffremont. M. de Gantès en était le lieutenant-colonel. Il fit partie, avec le 6e chasseurs, de la 1re brigade du 6e corps, général Tilliard, division de Salignac-Fénelon.

Après la bataille de Wœrth, les 1er, 5e et 7e corps s'étaient repliés sur Châlons. Ordre fut alors donné à la Compagnie de l'Est de transporter immédiatement à Metz tout le 6e corps, où il arriva le 12 août.

On sait la part glorieuse prise par le corps Canrobert à la bataille de Rézonville et la charge héroïque des divisions Bonnemain et Salignac-Fénelon à Sedan.

« Généraux en tête, cette puissante cavalerie » s'élance, renverse la première ligne allemande. » Assaillie de droite, de gauche, de front par des

6

» feux de salve, elle se brise contre les bataillons
» ennemis. Mais ce n'est là qu'un premier effort :
» les escadrons se replient, se reforment en arrière
» et, d'un galop furieux, se jettent sur les alle-
» mands. Trois fois ils recommencent, semant la
» terre de leurs cadavres. Le général Tilliard, le
» colonel Cliquot, du 1ᵉʳ chasseurs d'Afrique, les
» lieutenants-colonels de Gantès, de Linières,
» Ramond, sont tués ou grièvement blessés :
» vingt-deux officiers du 1ᵉʳ hussards sont atteints.
» du haut de la colline où il assiste au combat, le
» Roi de Prusse voit cette charge héroïque, et il
» ne peut retenir cette exclamation : « Oh ! les
» braves gens ! » (1).

C'est dans cette même charge que le général
Margueritte tombait mortellement blessé.

Les garnisons de Parthenay et de Bressuire se
composaient chacune d'un bataillon du 14ᵉ de
ligne. Ces deux bataillons rejoignirent la portion
principale au camp de Châlons. Le 14ᵉ de ligne
fit partie de la 1ʳᵉ brigade (général Archinard) de
la 2ᵉ division d'infanterie (général Bisson) du 6ᵉ
corps. Ce régiment prit part aux batailles de Rézonville, de Saint-Privat, et au désastre de Sedan.

Quant à la garnison de Saint-Maixent, elle se
composait du dépôt du 92ᵉ de ligne dont la portion principale tenait garnison sur la frontière
d'Espagne et ne fit pas partie des régiments engagés dans la première période de la guerre.

Le commandement de la subdivision des Deux-

(1) Amédée Le Faure : Histoire de la guerre Franco-Allemande.

Sèvres était alors confié au général Orianne. Ce général succédait au général de Valabrègue nommé au commandement de la 1ʳᵉ brigade de cavalerie du 2ᵉ corps. Le général Orianne s'occupa avec la plus grande activité de l'organisation des mobiles des Deux-Sèvres et de l'exécution du décret impérial qui appelait sous les drapeaux les hommes formant les contingents des classes 1869 et 1870, cette dernière classe appelée par anticipation les 5 et 10 août.

Le général Orianne fut au mois de décembre remplacé à la tête de la subdivision des Deux-Sèvres par le capitaine de frégate de Lacombe, colonel de l'armée auxiliaire.

A dater de la fin de juillet 1870, l'armée active dans les Deux-Sèvres n'existe plus que par son dépôt de Saint-Maixent. Le quartier de cavalerie de Niort, les casernes de Parthenay et de Bressuire, abandonnés par leur garnison habituelle, sont occupés par les mobiles et les mobilisés.

Cependant, 1200 artilleurs, débris de plusieurs corps d'armée augmentés du contingent de quelques dépôts, campent dans le dénuement le plus complet, à Antes, dans un vaste terrain mis à la disposition de l'autorité militaire par l'honorable M. Jules Marot.

Citons en passant les nobles exemples de dévouement patriotique que donnèrent quelques-uns de nos distingués concitoyens en s'engageant dans l'armée active pendant la durée de la guerre :

M. Louis Tribert, conseiller général des Deux-Sèvres, s'engageait à l'âge de 42 ans au 95ᵉ de ligne;

M. Amédée Trouillard, avocat, s'engageait au
1er hussards ;

M. le docteur Tondut s'enrôlait dans le service
des ambulances.

CHAPITRE VI

Gardes nationales

Garde nationale sédentaire

Le 9 août 1870, Jules Favre et plusieurs de ses collègues présentaient au corps législatif une proposition tendant à l'armement de toutes les gardes nationales de France.

La proposition de Jules Favre était ainsi conçue :

« Considérant que l'ennemi a envahi le sol de
» la France ; que si notre armée, debout et tou-
» jours dévouée est prête à le repousser, il est du
» devoir de chaque citoyen de s'unir à ses efforts ;
» — Qu'il est en droit de réclamer une arme pour
» l'accomplissement de ce devoir ; — Considérant
» que de l'aveu même du ministre de la guerre,
» l'étranger marche sur Paris ; — Qu'en présence
» d'un tel péril, ce serait un crime de refuser à
» chaque habitant de la capitale le fusil qui lui est
» nécessaire pour la défense de son foyer ; — Que
» la population tout entière demande à être armée
» et organisée en garde nationale, élisant ses
» chefs,
　　» La Chambre arrête :
» Il sera immédiatement distribué aux mairies
» de chaque arrondissement de la ville de Paris

» des fusils à tous les citoyens valides inscrits sur
» les listes électorales.

» La garde nationale sera réorganisée en France
» dans les termes de la loi de 1851. »

Sur le rapport de M. Ernest Dréolle au corps
législatif, et de M. Baroche au Sénat, le projet de
loi fut voté à l'unanimité des votants.

Voici les dispositions de la loi des 12-13 août
1870 relatives à la garde nationale.

Art. 1er. — La garde nationale est rétablie dans
tous les départements.

Art. 2. — Il sera procédé immédiatement à sa
réorganisation conformément aux dispositions de
la loi du 8 avril, 22 mai et 13 juin 1851.

Toutefois, l'organisation des bataillons actuellement existants est maintenue pendant la durée de
la guerre.

Pendant le même temps, les officiers élus seront
choisis parmi les anciens militaires.

Art. 3. — La distribution des armes sera faite
d'abord aux gardes nationaux des départements envahis, des villes mises en état de défense et des communes des départements déclarés en état de siège.

Les anciens militaires seront les premiers enrôlés et armés.

Art. 4. — Les gardes nationaux blessés dans
l'accomplissement de leur service, leurs veuves
et leurs enfants auront droit aux secours et récom-
penses déterminés par les lois spéciales votées en
faveur des soldats des armées de terre et de mer
et des bataillons de garde nationale mobile.

Art. 5. — Un crédit provisoire de 50 millions de francs est ouvert au ministre de l'intérieur et au ministre de la guerre pour faire face aux dépenses qu'entraînera l'organisation des gardes nationales de France.

La loi promulguée le 13 août 1870 remettait en vigueur la loi de 1851.

Tous les citoyens valides, de 30 à 55 ans, devaient y être incorporés.

La garde nationale de Paris était affectée à la défense de la capitale et à la mise en état de défense des fortifications.

Organisation de la garde nationale dans les Deux-Sèvres

A Niort, on procéda immédiatement à l'établissement des contrôles et le 7 septembre, le maire, M. Alfred Monnet, fit convoquer les gardes nationaux à l'effet d'élire sans retard les officiers et les sous-officiers de chaque compagnie.

Douze compagnies de 200 gardes nationaux environ, formant un bataillon, furent organisées à Niort.

Chaque compagnie avait à élire :

  1 capitaine ;
  2 lieutenants ;
  2 sous-lieutenants ;
  1 sergent-major et un fourrier ;
  8 sergents et 16 caporaux ;

plus 5 délégués pour l'élection du chef de bataillon et du porte-drapeau.

Le 24 septembre eut lieu l'élection du chef de bataillon et du porte-drapeau.

M. Barré, capitaine en retraite, fut élu et nommé chef de bataillon ;

M. Barbier, ancien sous-officier, porte-drapeau.

Furent ensuite successivement élus et nommés au grade de capitaine :

1re compagnie : MM. Grossard, Théodore.
2e   —   Girard, Jean.
3e   —   Surrault, Charles.
4e   —   Roullière-Marin, Prosper.
5e   —   Plantiveau, Jean.
6e   —   Riffault, François.
7e   —   Plisson, Stanislas.
8e   —   Vien, Frédéric.
9e   —   Lamothe, Théophile.
10e   —   Bourdon, Pascal.
11e   —   Chauvet, Antoine.
12e   —   Voirin, Nicolas.

La loi de 1851 qui réglementait l'organisation de la garde nationale, prescrivait, dans les dispositions de ses articles 21 et suivants, la nomination par commune d'un conseil de recensement composé d'un nombre égal à celui des conseillers municipaux. Le maire faisait partie de ce conseil comme membre de droit et le présidait. La loi comprenait des dispositions particulières pour Paris.

Il y avait, en outre, par chaque canton, un jury de révision. Chaque jury de révision était composé de douze jurés désignés par le sort sur une liste de 150 gardes nationaux (art. 25). Cette liste était dressée par le sous-préfet sur les présentations faites par les maires des diverses communes à raison de 200 candidats par chaque canton.

Des rapporteurs, des rapporteurs adjoints et des secrétaires, nommés par décret, étaient attachés aux jurys de révision (art. 32).

Furent nommés aux emplois de rapporteurs et de secrétaires près le jury de révision des deux cantons de Niort :

Capitaine rapporteur : M. Jules Arignon ;

Capitaine en second, rapporteur adjoint pour le premier canton : M. Laugaudin ;

Capitaine en second, rapporteur adjoint pour le deuxième canton : M. Dupont ;

Lieutenant secrétaire du jury de révision des deux cantons : M. Mousnier ;

Sous-lieutenant secrétaire adjoint : M. Gandouet.

Le jury était présidé par le juge de paix du canton.

La discipline était placée sous l'autorité des chefs de poste et de détachement, sans préjudice du renvoi au conseil de discipline pour les cas graves.

Les membres du conseil de discipline étaient pris, à tour de rôle, suivant l'ordre de leur inscription sur un tableau dressé par le président du conseil de recensement assisté du chef de bataillon ou du capitaine commandant, si les compagnies n'étaient pas réunies en bataillon.

Ce tableau comprenait :

1º Tous les officiers de la garde nationale,

La moitié des sous-officiers,

Le quart des caporaux ;

2° Un nombre égal de gardes-nationaux.

En conformité de l'article 53 de la loi du 13 juin 1861 et de l'article 20 du décret du 6 octobre suivant, sur les propositions du commandant du bataillon communal de Niort furent nommés le 29 septembre 1870 au grade et fonctions de :

Capitaine adjudant-major : M. Sabatier.

Chirurgiens aides-majors : MM. Roulland et Gouriet, docteurs-médecins.

Lieutenant d'armement : M. Desjardins.

Chef armurier : M. Petit.

L'effectif du bataillon des deux cantons de Niort s'élevait à 2,351 hommes.

L'état numérique des armes de toute nature délivrées à la garde nationale indique 272 fusils à piston, 1920 à tabatière et 107 sabres d'artillerie.

La garde nationale fournissait un poste à la gare commandé par un officier, un second à la Préfecture et un troisième à la Mairie, commandés par un sous-officier.

Enfin, une fanfare composée de 32 musiciens sous la direction de M. Louis Monneau, chef, Desret et Béguier, sous-chefs, complétait cette organisation.

En même temps que s'organisait la garde nationale sédentaire, la municipalité, en conformité des dispositions de la loi de 1851, se préoccupait de lui adjoindre une garde nationale à cheval.

Le nombre des inscriptions volontaires s'élevait au 10 octobre à 13 cavaliers.

Le 22 octobre, M. Baraton (Louis) fut élu et nommé maréchal-des-logis de la compagnie de gardes à cheval en formation.

M. Clavel (Paul) fut élu et nommé brigadier.

Le 24 octobre, le préfet de la Défense nationale transmettait aux maires du département une circulaire du ministre de l'intérieur et de la guerre conçue en ces termes :

« *A MM. les Préfets et Sous-Préfets*

» Tours, le 24 octobre 1870.

» Veuillez prévenir les maires de toutes nos » communes que la résistance à l'ennemi est plus » que jamais à l'ordre du jour, que tout le monde » doit faire son devoir, notamment les magistrats » municipaux qui ne peuvent faire moins que les » gardes nationaux mobilisés. Après les héroïques » exemples donnés par des villes ouvertes telles » que Châteaudun, Saint-Quentin et autres, par des » villages exclusivement gardés par des compa- » gnies de sapeurs-pompiers, il est d'absolue né- » cessité que chaque ville, chaque commune paie » sa dette à la Défense nationale, que tout le monde » se pénètre du devoir qui est imposé à la France. » Les villes et les communes qui se rendraient » sans avoir tenté la résistance seraient dénoncées » au pays par le *Moniteur.* »

La garde nationale sédentaire fut organisée dans chaque commune en compagnies, les compagnies en bataillons comprenant les effectifs de plusieurs

communes formant dans chaque canton une ou
plusieurs circonscriptions, suivant l'importance
des effectifs du canton. Le siège de l'état-major du
bataillon était premièrement au chef-lieu du canton et ensuite dans les communes importantes de
la circonscription, lorsque le canton comprenait
deux ou plusieurs circonscriptions.

L'arrondissement de Niort comprenait 18 bataillons correspondant à autant de circonsconscrip-
tions, avec un effectif s'élevant à   15.184 gardes

L'arrondissement de Melle, 15
bataillons et.....................   12.587   —

L'arrondissement de Parthenay,
13 bataillons et..................   11.299   —

L'arrondissement de Bressuire,
11 bataillons et ....   12.234   —

Au total, 57 bataillons, formant
un effectif de....................   51.304 gardes
nationaux.

En général, l'armement consistait en fusils à tabatière provenant des fusils à piston transformés,
mais la plupart des compagnies n'ont jamais pos-
sédé aucune arme.

Cette organisation, prescrite du reste par l'article
34 de la loi du 13 juin 1851, complétée par les
jurys de révision, les conseils de recensement et
de discipline, était, en principe, très rationnelle et
semblait répondre aux exigences et aux périls de
la situation. Nous avons vu que dans les localités
menacées par l'ennemi, les gardes-nationaux oppo-
sèrent souvent une sérieuse résistance. Partout

ailleurs, l'organisation de la garde nationale sédentaire facilita considérablement le prompt recrutement et la mise sur pied de guerre de nos légions
mobilisées; mais son rôle se borna surtout à maintenir l'ordre dans les villes privées de leur garnison appelée dès le mois de juillet 1870 sur la frontière.

*Chefs de bataillons de la garde nationale sédentaire
dans le département des Deux-Sèvres*

Niort : M. Barré, capitaine en retraite.
Saint-Maixent : M. Hays.
Mauzé : M. Delavault, lieutenant-colonel en re-
traite.
Parthenay : M. Savin.
Bressuire : M. Baugey.
Thouars : M. Montois.

CHAPITRE VII

Organisation de la garde nationale mobile

Sur la frontière, les Français battus à Wissembourg et Forbach (4 et 6 août 1870) avaient évacué les lignes de la Lauter et de la Sarre. Mac-Mahon repassait le col de Saverne et Bazaine se concentrait sous Metz. Les évènements, désastreux pour nos armes, se succédaient avec une rapidité vertigineuse. L'émotion poignante de la capitale gagnait la province ; la stupeur et le découragement réduisaient à néant les espérances que le pays avait mis dans son armée qu'il avait cru invincible. Il importait d'agir en toute hâte. Un décret convoqua les Chambres pour le 9 août. Dans cette séance mémorable, un projet de loi sur le recrutement de l'armée pendant la durée de la guerre fut présenté par le comte de Palikao, alors ministre de la guerre. Ce projet fut présenté dans la séance du 10 août sur le rapport de M. de Forcade de la Roquette et adopté à l'unanimité du Corps législatif.

Cependant, le ministre de la guerre hâtait en province l'organisation de la garde nationale mobile déjà sur pied dans les trois premiers corps d'armée.

Une circulaire adressée le 12 août par le ministre de l'Intérieur aux préfets leur enjoignait de télégraphier et d'envoyer immédiatement « ordonnance et estafette dans chaque commune. Il était prescrit aux maires d'annoncer la centralisation immédiate des mobiles aux chefs-lieux de département et d'arrondissement.

Déjà, dès le 4 août 1870, le Conseil des Ministres prévoyant l'urgente nécessité d'organiser en toute hâte la garde mobile, avait sur la proposition du Ministre de la guerre, fait signer par l'Impératrice régente un décret nommant à 73 emplois de chefs de bataillon.

Furent nommés dans le département des Deux-Sèvres :

1er bataillon (Bressuire), M. Rouget.
2e bataillon (Melle), M. Guille-Desbuttes ;
3e bataillon (Niort), M. de Cugnac.

Etaient en fonctions, nommés en conformité des dispositions de l'article 8 de la loi du 1er février 1868 :

MM. Grincourt, capitaine-major ;
Millet, capitaine-trésorier ;
Gauthier, capitaine d'habillement ;
Billon, lieutenant-adjoint au trésorier, officier payeur.

Le dimanche 14 août, les mobiles des Deux-Sèvres étaient réunis dans leurs arrondissements respectifs.

L'organisation, au milieu du désarroi causé par les évènements aussi bien dans l'administration militaire que dans les services civils, fut naturellement très pénible.

Les conseils de révision procédèrent à une pre-

M. Léon ROUGET

*Colonel commandant le 34e régiment provisoire
de marche (Mobiles des Deux-Sèvres)*

mière élimination (samedi et dimanche 13 et 14
août), puis vint le renvoi dans leurs foyers des
soutiens de famille. Enfin le 15 et le 16 on commença la formation des compagnies.

Mais il fallait des cadres. Aux termes du chapitre 1er de la décision impériale approuvant le
projet d'organisation de la garde mobile présenté
par le maréchal Niel, ministre de la guerre, les
cadres de la mobile devaient satisfaire à des conditions particulières qui tenaient à la nature de cette
institution.

En effet, la garde nationale mobile ne pouvant
être soumise à une discipline aussi fortement
constituée que celle de l'armée active, il parut in-
dispensable que ses chefs, à tous les degrés de la
hiérarchie, jouissent d'une considération personnelle qui leur donnât l'autorité morale nécessaire
à l'exercice de leurs fonctions et que dans ces conditions les grades ne fussent confiés qu'à des citoyens
occupant une situation honorable dans la circonscription de la troupe dont ils sollicitaient le commandement.

Les officiers de tous grades, les sous-officiers,
caporaux ou brigadiers pouvaient être choisis,
tout d'abord parmi les officiers retraités et les militaires libérés, mais aussi parmi les appelés et les
volontaires de la garde nationale mobile.

Un petit nombre d'officiers retraités, quelques
sous-officiers libérés, avaient bien voulu accepter
des grades, mais leur nombre était bien insuffisant.
En outre, après nos désastres, il restait à peine,
dans les dépôts, assez d'officiers et de sous-officiers

7

pour encadrer les régiments de marche de nouvelle formation et quant à la garde mobile on se heurtait à ce grave inconvénient, ou bien de se trouver dépourvu de cadres, ou d'accepter comme pis-aller des cadres d'une qualité trop inférieure. Enfin, il fallait agir vite et ne pas s'exposer d'un cœur léger aux hasards d'un recrutement problématique. Dans cette alternative, le commandement, réduit aux expédients, n'hésita pas : il mit sa confiance dans la bonne volonté et le patriotisme des jeunes gens qu'on lui proposait, officiers improvisés, il est vrai, mais répondant par leur situation sociale, aux conditions du projet présenté par le maréchal Niel, sanctionné par décision impériale du 17 juin 1868.

Le même sentiment qui avait inspiré le choix du plus grand nombre des officiers subalternes, guida les commandants de compagnie dans la nomination de la plupart des sous-officiers et des caporaux. Des insignes furent donnés aux gradés et, à peine la première semaine s'était-elle écoulée, depuis la convocation de la mobile, que l'organisation sortait du chaos des premiers jours.

Mais ce n'était là qu'une organisation à l'état embryonnaire. Il fallut établir les contrôles, la comptabilité, tout ce que comporte l'administration d'un bataillon et d'un régiment. C'est alors que, sous la direction habile et expérimentée du capitaine Grincourt, qui fut l'âme de cette organisation à laquelle il apportait une activité dévorante et un labeur incessant, l'ordre se fit jour dans cette confusion et que chaque compagnie par-

vint à s'administrer d'une façon régulière et suffi-
sante.

Nous voici au 22 août. Les mobiles ne sont pas
encore armés. Le maire, M. Alfred Monnet, fait
appel au dévouement des anciens sous-officiers et
soldats de l'armée active qui pourraient pendant
quelques jours aider à l'instruction de la garde
mobile.

Nous entrons dans la seconde période d'instruction. Malheureusement les fusils ne sont pas encore
disponibles.

Le 28 août, sur la proposition du Ministre de la
guerre, un décret de l'Impératrice régente décidait
la formation de dix-neuf nouveaux régiments provisoires d'infanterie de la garde nationale mobile qui
étaient commandés par des lieutenants-colonels.
Le 17ᵐᵉ, qui portait le numéro 34, était formé des
trois bataillons des Deux-Sèvres. Il devait être commandé par M. Guille-Desbuttes, capitaine d'infanterie, nommé lieutenant-colonel.

M. Guille-Desbuttes, blessé grièvement au combat
de Gravelotte, ne put accepter les fonctions pour
lesquelles il avait été désigné.

Un décret signé le 2 septembre annulait sa nomination et le remplaçait par M. Rouget, précédemment nommé commandant du 1ᵉʳ bataillon.

Par décret du 9 septembre furent nommés :

M. Sabiron, commandant du 1ᵉʳ bataillon en remplacement de M. Rouget, nommé lieutenant-colonel.

M. de Pinceuoir du Bousquet, commandant du
2ᵉ bataillon.

Provisoirement ce bataillon était commandé par M. Grand, capitaine en retraite ; nommé aux fonctions de capitaine d'habillement à Niort, M. Grand vint prendre possession de son poste après la nomination de M. de Pinceuoir.

Entre temps, les 30 et 31 août, des fusils ancien modèle (à tabatière) étaient distribués à nos mobiles.

Le 34e régiment d'infanterie provisoire était composé de trois bataillons à l'effectif de 1,200 hommes chacun, cadres compris, répartis entre sept compagnies. L'une des huit compagnies alors existantes restait au dépôt et devait recevoir de suite les excédents d'effectif des sept autres compagnies.

Chaque bataillon devait avoir un médecin aide-major.

Furent nommés à ces emplois :

MM. Pillet, au 1er bataillon ;
     Héliot, au 2e bataillon ;
     Moreau, au 3e bataillon.

Il y avait également un lieutenant faisant fonctions d'adjudant major par bataillon, un officier payeur et un officier de détails pour le régiment.

A partir du 1er septembre, un conseil d'administration central fut installé à Niort pour l'administration des bataillons. Ce conseil fut composé comme suit :

MM. Grincourt, capitaine-major, président ;
     Millet, capitaine, trésorier ;
     Grand, capitaine d'habillement.

Le dépôt qui restait provisoirement à Niort et

forma plus tard le 4ᵉ bataillon, se composait d'environ 900 hommes.

Le 14 septembre, M. le général Orianne, commandant la subdivision des Deux-Sèvres et M. Ricard, préfet de la Défense nationale, passèrent la revue du 3ᵉ bataillon sur la place de la Brèche. Les mobiles portaient l'uniforme (vareuse de molleton gros bleu et pantalon de serge à bande amarante), ils avaient la cartouchière et étaient armés du fusil à tabatière.

A cette date, se place la nomination de M. Godefroy de Ménilglaise aux fonctions de commandant du 3ᵉ bataillon en remplacement de M. de Cugnac, ancien commandant d'artillerie, appelé à prendre part à la défense de Paris.

Le 18 septembre, les bataillons de Melle et de Bressuire se rendirent à Niort pour y former le régiment.

Le 20, en exécution du décret du 17 septembre, eut lieu l'élection des officiers subalternes par la troupe et celle des officiers supérieurs par le corps des officiers élus. M. Rouget fut réélu lieutenant-colonel. Les chefs de bataillon de Niort et de Melle furent conservés ; celui de Bressuire, M. Sabiron, appelé à Niort pour organiser un 5ᵉ bataillon, fut remplacé par M. Poupart, capitaine au 1ᵉʳ bataillon, ancien lieutenant de chasseurs à pied.

Le 23 septembre, contrairement aux dispositions premières qui avaient désigné le 34ᵉ provisoire pour la défense de Paris, les trois bataillons de guerre reçurent l'ordre de se rendre dans un camp de concentration établi à Vierzon. En passant à

Tours, ils devaient recevoir des fusils chasse-pots.

Le régiment des Deux-Sèvres devait faire partie de la formation du 15e corps, organisé sous les ordres du général de la Motte-Rouge, à Nevers, Bourges et Vierzon.

Cette première organisation n'ayant pu comprendre tous les jeunes gens inscrits sur les contrôles, on forma avec les disponibles deux nouveaux bataillons, le 4e et le 5e.

Le 4e fut placé sous les ordres de M. Chirac, ancien officier de cavalerie. Préparé avec la rapidité que les circonstances exigeaient, il put laisser Niort le 30 octobre pour rejoindre l'armée de la Loire.

Après son départ, il fut procédé, sous la direction du capitaine Grand, à l'organisation du 5e bataillon qui eut pour commandant M. Sabiron. Il comprit huit compagnies de 150 hommes et en novembre il fut dirigé sur le Cotentin.

En outre de ces cinq bataillons, appelés à prendre une part active à la guerre, il resta à Niort une compagnie de dépôt et le conseil d'administration sous les ordres du capitaine Grincourt.

Après la signature de l'armistice et en vue des éventualités qui pouvaient encore se produire, un 6e bataillon recruté parmi les hommes sortant des hôpitaux, fut en formation à Niort sous les ordres du commandant Poupart, lequel blessé à Beaune-la-Rolande, avait été mis à la suite du 34e.

Enfin un 7e bataillon à cinq compagnies fut en formation le 1er mai et licencié le 17.

Après le combat de la Bourgonce, le service de

santé du 34ᵉ provisoire se trouva complètement désorganisé. L'aide-major Moreau était tombé expirant à l'ambulance de Saint-Rémy sous les coups des Prussiens alors qu'il s'empressait à donner ses soins à nos blessés ; l'aide-major Pillet, malade, était rentré à l'hôpital de Besançon ; restait l'aide-major Héliot auquel on adjoignit, aux Monts-Boucons, le docteur Autun, médecin auxiliaire de la Société nationale des secours aux blessés.

Au 4ᵉ bataillon, le service de santé fut au départ de Niort confié à l'aide-major Festy qui tomba mortellement blessé dans son ambulance pendant l'engagement de la Fourche.

Ne devons-nous pas, aussi, placer au premier rang avec ceux que nous avons déjà cités, ces braves qui ont spontanément mis au service de la Patrie mutilée leur courage déjà éprouvé sur les champs de bataille ? Rappelons donc les noms des capitaines Bertrand et Guillon, du 1ᵉʳ bataillon, de Parsay, du 3ᵉ, et enfin celui du capitaine Ravan, du 2ᵉ.

Enfin, un hommage de reconnaissance n'est-il pas encore dû à ces compatriotes dévoués, MM. Abel Bardonnet, Legouest, de Savignac, Emile Monnet, Pierre Caillet, Michel, de Saint-Quentin, Jarry, Emile Breuillac, Chaize, Rouillé, Detzem, de La Règle qui, délégués par la Défense nationale, acceptèrent la mission pénible et quelquefois périlleuse d'accompagner jusque sur le théâtre de la guerre des convois d'habillements, d'objets de campement et d'équipement expédiés par le département pour nos mobiles, à Remiremont, à Besançon, aux Monts-Boucons, à Chagny, à Saincainze, à Châteaudun, à Bourges, à Cherbourg et, après l'armistice, en Allemagne et en Suisse, les délégués apportaient, en même temps que les adoucissements d'un peu de bien-être matériel, les souvenirs et les sympathies de la famille et des amis unis au réconfort des encouragements de la cité.

CHAPITRE VIII

Les Mobiles

Le 34ᵉ régiment des mobiles des Deux-Sèvres. — La Bourgonce. — Châtillon-le-Duc. — Beaune-la-Rolande. — Villersexel. — Héricourt. — Chaffois (1).

Le 34ᵉ régiment des mobiles, qui s'organisait à Niort depuis les premiers jours de septembre reçut, le 23, l'ordre de se rendre à Vierzon, point de concentration avec Nevers et Bourges du 15ᵉ corps en formation, sous les ordres du général de la Motte-Rouge.

Le régiment débarqua le 26 à Vierzon, reçut des chassepots le 29, et répartit le samedi, 2 octobre, pour Epinal où l'appelait le général Cambriels, chargé de la défense des Vosges ; il arrivait, le 4, vers cinq heures du matin à Epinal, qu'il quittait le soir même pour Bruyères ; la journée du 5 s'écoula dans un repos relatif ; le soir, les trois bataillons se portaient vers le village de la Bourgonce où ils furent cantonnés aux environs de minuit.

LA BOURGONCE. — La Bourgonce est un village de 500 habitants, à 16 kilomètres au nord de Bruyères,

(1) Voir, pour de plus amples détails, notamment pour la liste des morts et des blessés, notre ouvrage : *Les Mobiles des Deux-Sèvres pendant la guerre de 1870-71*. (Th. Mercier et Clouzot, 1904).

à l'origine du plateau qui s'étend jusqu'à Etival. Etival et Raon-l'Etape sur la ligne de Lunéville à Saint-Dié étaient occupés par les Badois du général Degenfeld, chargé par Werder de déblayer le terrain et d'occuper Saint-Dié. La division badoise comprenait un peu plus de 7.000 hommes et 10 batteries ; la division française commandée par le général Dupré, comprenait 9,500 hommes et 4 pièces de 4, sous les ordres du commandant Perrin.

Le 6 octobre, vers sept heures et demie du matin, par un brouillard intense, au moment même où les mobiles des Deux-Sèvres préparaient la soupe, le général Dupré donna l'ordre du rassemblement, et après quelques mots d'encouragement énergique aux officiers, commanda de marcher en avant sur Etival par deux colonnes ainsi distribuées : la colonne de droite, lieutenant-colonel Dyonnet (du 58e mobiles des Vosges), qui comprenait trois bataillons et demi et deux pièces, devait se porter sur Etival par Nompatelize ; la colonne de gauche, lieutenant-colonel Rouget (du 34e mobiles des Deux-Sèvres), qui comprenait, sauf trois compagnies laissées en réserve à la Bourgonce, trois bataillons des mobiles des Deux-Sèvres, un demi bataillon du 32e de marche et deux pièces, devait marcher sur Etival par le Han et Saint-Rémy. Enfin, un peu en arrière et formant réserve s'avançait aux ordres du lieutenant-colonel Hocédé, du 32e de marche, une colonne de trois bataillons et deux pièces. Le premier contact des deux armées eut lieu d'abord à Nompatelize, occupé par la colonne de droite, puis repris par les Badois, mais jusqu'à neuf heures, par

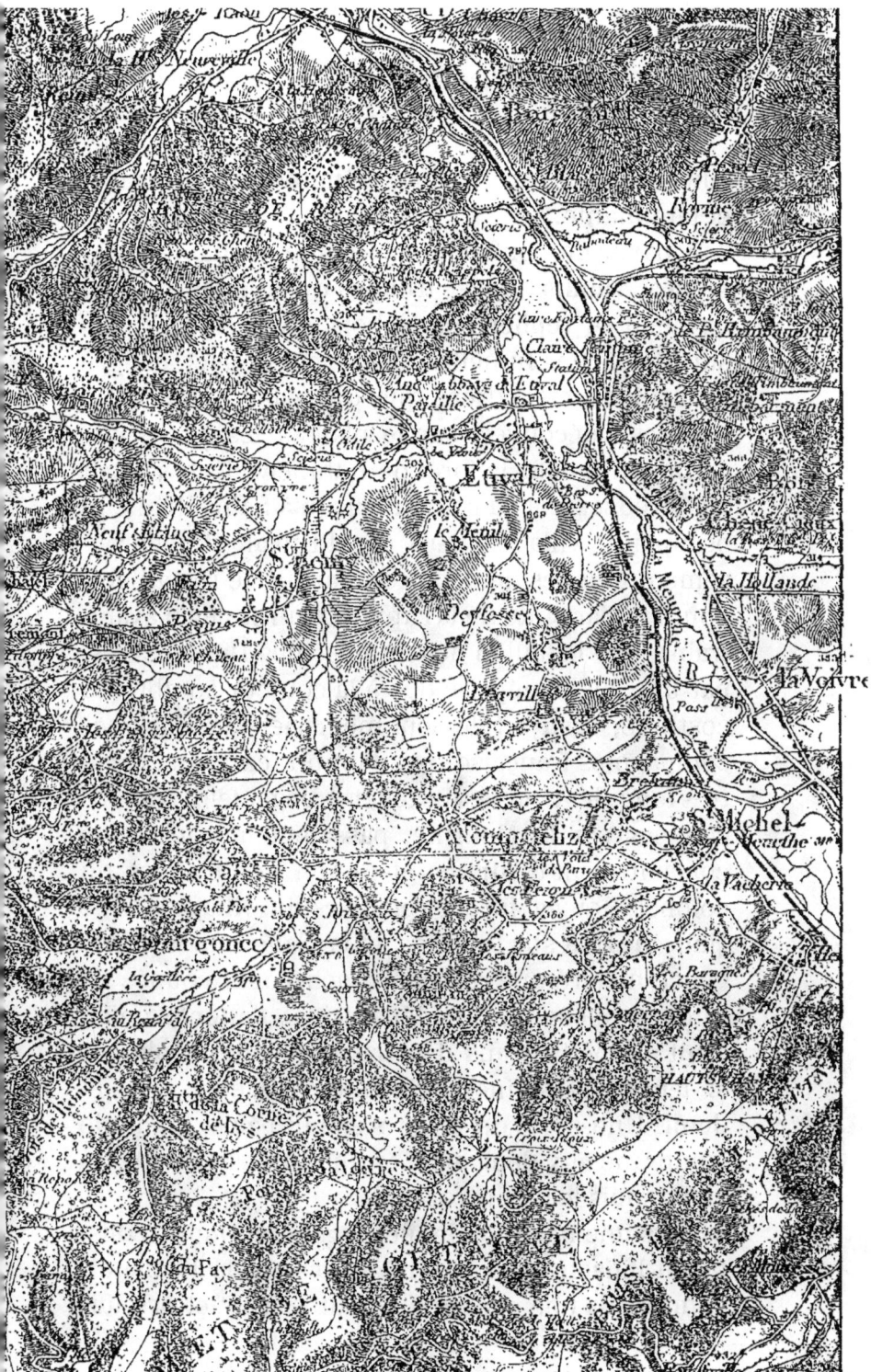

suite du brouillard, la lutte générale fut incertaine et tâtonnante.

A partir de neuf heures l'action véritable commença. Tandis que les troupes du colonel Dyonnet devaient se replier sur le bois des Feignes, puis sur le bois des Jumelles, le colonel Rouget, malgré la fusillade meurtrière que dirigeaient contre les mobiles à découvert sur le plateau les Allemands embusqués dans la forêt de Rambervillers, portait vigoureusement sa colonne jusqu'à Saint-Rémy, et occupait le village à deux pas d'Etival. Malheureusement une des deux pièces d'artillerie restait embourbée par suite de la rupture d'un essieu d'avant-train ; le 2e bataillon des mobiles des Deux-Sèvres, par une fatale méprise due à la couleur sombre du costume, essuyait le feu meurtrier de quelques compagnies françaises pendant un temps qui parut très long ; les troupes du général Degenfeld, d'abord coupées par la Meurthe, passaient le pont et se concentraient contre Saint-Rémy. Les troupes du colonel Rouget furent refoulées du village sur le Han, du Han sur la Salle, de la Salle sur la Bourgonce malgré une résistance acharnée, coupée de retours offensifs, qui dépassaient l'attente qu'on avait pu mettre dans des troupes pour la plupart si jeunes et si inexpérimentées. Il était midi et demi. Une sorte de trève s'établit par la lassitude commune aux deux armées qui luttaient avec ténacité depuis le matin.

Vers une heure et demie, le général Dupré, constatant l'inaction au moins apparente de l'ennemi, commanda une attaque sur tout le front et prit lui-même la direction du combat à la tête d'un bataillon. Entraînés par cet exemple, nos soldats sortent des bois de Saint-Benoît, de la Salle et des Jumelles ; Nompatelize est repris par la colonne de droite : le Han et Saint-Rémy sont reconquis dans un élan superbe par les mobiles des Deux-Sèvres, ayant à leur tête le colonel Rouget et le commandant Perrin ; l'ennemi harassé se dérobe ; on est à deux pas d'Etival, on touche à la victoire. Mais alors débouchent sur le champ de bataille à toute allure, fermes et frais d'un long repos, trois compagnies de grenadiers et un escadron de dragons réclamés de Raon-l'Etape par Degenfeld. En même temps, dix pièces d'artillerie définitivement installées à la limite du bois de Biarville couvrent d'une mitraille incessante nos mobiles qui luttent à découvert sur le plateau. Pour soutenir leur effort, le général Dupré masse en avant du village de la Salle les mobiles de la Meurthe et des Vosges, le 3e bataillon des mobiles des Deux-Sèvres, tout ce qui reste de la réserve déjà fort éprouvée. Ces conscrits résistent à la pression de l'ennemi avec une ténacité de vieilles troupes et le tiennent en échec pendant deux longues heures. Mais, vers quatre heures, le général Dupré est atteint d'une balle qui lui traverse le cou ; on l'emporte du champ de bataille ; la résistance faiblit ; la colonne de droite débusquée de Nompatelize et du bois des Jumelles se rejette sur la Bourgonce, découvrant ainsi le flanc de la colonne de gauche, attaquée de face et de côté, couverte de toutes parts d'une grêle de projectiles. Vainement les trois bataillons du 34e mo-

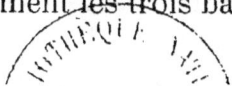

biles des Deux-Sèvres qui luttent maintenant côte-à-
côte, essaient de se maintenir dans le village et le
bois de la Salle ; il faut céder le terrain, se replier
sur la Bourgonce et, quand le soir tombe, se reporter dans la direction de Bruyères, non sans
avoir échangé les derniers coups de feu avec l'ennemi, lui-même à bout de forces et d'élan, incapable d'une sérieuse poursuite. La bataille est perdue,
malgré l'effort d'une journée tout entière.

Le général Cambriels, arrivé le 7 à Bruyères,
avait paru d'abord désireux de prolonger la défense
derrière la Vologne, mais craignant de compromettre le sort d'une petite colonne qu'il considérait
comme le noyau d'une prochaine armée, il ordonna
la retraite. Le 10 octobre, le 34ᵉ régiment se replie
sur Jussarupt, le 11, sur Docelle, le 12, on était à
Remiremont, le 14, à Villersexel, le 15 à Besançon.
Cette retraite fut pénible ; le temps était affreux ;
des orages épouvantables avaient défoncé les
routes ; de plus, les Prussiens s'étaient emparés
des bagages, notamment de toutes les couvertures,
vêtements, effets apportés par les délégués de
Niort. Besançon fut le salut. Après quelques jours
de repos, nos mobiles, équipés et instruits, récon-
fortés au physique et au moral, ne demandaient
qu'à prendre de la Bourgonce une revanche qui ne
se fit pas attendre.

CHATILLON-LE-DUC. — Le 21 octobre, le général
Cambriels envoyait, sous les ordres du colonel Per-
rin, une forte reconnaissance qui s'avança jusqu'à
Voray-sur-l'Ognon, à quatre kilomètres au nord de

Châtillon-le-Duc. Le voisinage d'un corps d'armée badois ayant été confirmé, le colonel Perrin demanda et obtint un renfort qui doublait son effectif et le portait de trois bataillons à six.

Le lendemain la troupe française se porta, de grand matin, sur la ligne Etuz-Voray et prit contact avec l'ennemi ; la lutte fut des plus vives, avec de nombreuses alternatives ; nous prîmes, perdîmes successivement Etuz ; vers une heure, Voray et Bonnay se trouvaient eux-mêmes compromis. Il importe de souligner le rôle des mobiles des Deux-Sèvres dans la seconde partie de la journée du 22 octobre, et c'est ce que nous ferons à l'aide d'un récit autorisé dû à l'un des principaux acteurs du combat :

« Après la retraite des Vosges les Prussiens, maîtres des défilés, avaient continué sans encombre leur marche dans la direction de Besançon. Une colonne venant de Vesoul descendait par Rioz et Voray. A Voray, un premier engagement avait eu lieu avec les troupes de première ligne couvrant Besançon ; mais, cédant devant le nombre, notre armée commençait à fléchir : il importait de la renforcer en toute hâte. C'est alors que de Saint-Claude, près Besançon, où nous étions cantonnés, nous reçumes l'ordre de nous porter en avant dans la direction de Cussey-sur-l'Ognon.

» Le 21 octobre, le 2ᵉ bataillon campa auprès du village de la Chaille, dans la forêt de Chailluz, à dix kilomètres de Besançon. Le lendemain, 22, vers onze heures, il reçut l'ordre de se porter au pas gymnastique vers Châtillon-le-Duc et d'y pren-

dre ses positions de combat. Les dispositions
furent rapidement prises et dirigées avec autant
d'intelligence que de sang-froid par le commandant
Proth. La position était du reste des plus avanta-
geuses pour nous. Châtillon est situé sur un plateau qui domine la vallée de l'Ognon à une altitude
de cinquante mètres environ.

» Sur l'ordre du général en chef, le capitaine
Boussard, de la 19e batterie du 12e d'artillerie, envoya
une section sous le commandement du sous-lieutenant Etienne, qui mit ses pièces en batterie sur
un petit plateau situé entre les deux routes de
Voray et de Cussey, à hauteur de Châtillon. La
ligne de tirailleurs, à gauche de l'artillerie, se composait sur la crête des 6e et 7e compagnies des
Deux-Sèvres, des 2e, 3e et 5e compagnies dans le
bois de Chailluz, et de la 4e dissimulée le long de
la voie ferrée de Gray à Vesoul, le reste du bataillon
était en soutien au pied de la colline, le 47e de
marche (légion d'Antibes) formait la réserve.

» La rivière l'Ognon, affluent important de la
Saône, serpente en cet endroit à travers de vastes
et vertes prairies ouvrant une vallée qui, resserrée
sur la rive gauche par les coteaux de Châtillon-le-
Duc, s'étend au loin vers Auxon-Dessus. L'armée
prussienne était rangée devant nous en ligne de
bataille mal dissimulée dans les bois de sapins de
la rive droite.

» A peine occupions-nous nos positions qu'un
peloton de uhlans, débouchant de l'extrémité de la
prairie, vint pousser au galop une reconnaissance
à quelques centaines de mètres de nos tirailleurs

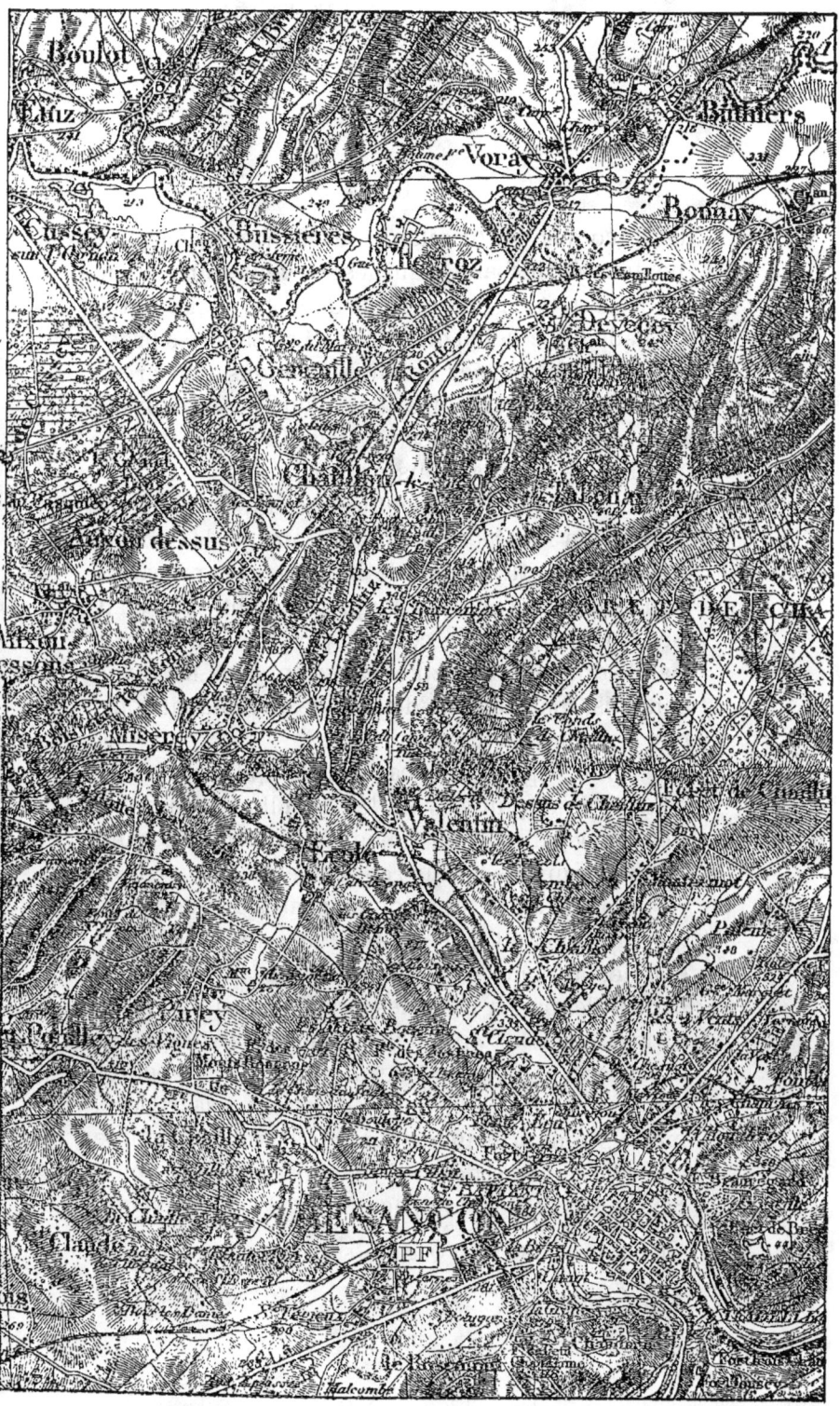

des 3ᵉ compagnie (capitaine Ravan) et 4ᵉ compagnie
(lieutenant Herbault), qui les accueillirent par un
feu nourri et en culbutèrent deux ou trois. Cette
fusillade fut le signal du combat. Les batteries prussiennes, renseignées sur nos positions, ouvrirent
un feu rapide sur notre ligne auquel répondirent
avec succès les batteries françaises.

» Tandis que les obus prussiens passaient par-
dessus nos têtes et allaient tomber auprès de notre
soutien qui fut légèrement endommagé, les nôtres
au contraire atteignaient le but avec une précision
remarquable. Tous les coups portaient et il était
facile de s'en rendre compte par le désarroi très
visible que nos projectiles causaient dans les rangs
ennemis, mais la ligne de bataille un moment rompue se reformait aussitôt.

» Enfin, après une canonnade qui dura deux
heures, nous pûmes voir les bataillons prussiens
s'éloigner par un mouvement de flanc vers la route
de Rioz, puis disparaître complètement.

» Cependant le jour commençait à baisser sans
que l'action eût encore pris une tournure bien
définie, lorsque vers quatre heures un bataillon
badois déboucha dans les prairies de l'Ognon se
dirigeant sur le sommet de Châtillon. Les tirailleurs
s'élancent, en poussant des hourras, sur les pentes
rapides des coteaux qui descendent à la rivière,
mais ils sont brusquement arrêtés dans leur course
par la fusillade de la 7ᵉ compagnie des Deux-
Sèvres (1) et des compagnies du 85ᵉ. Ne pouvant

(1) Capitaine de Saint-Quentin, sous-lieutenant Jules Barrelle.

plus avancer sur ces pentes, ni résister à un adversaire qu'il croyait surprendre à la faveur de la nuit
et qui menaçait de l'entourer de toutes parts, le
bataillon badois, poursuivi par les tirailleurs du
85ᵉ, s'enfuit en toute hâte dans la direction de
Geneuille.

» La nuit était venue, voilant de ses ombres le
champ de bataille; la fusillade avait cessé. La 7ᵉ
compagnie rallia alors son bataillon en grand'garde
sur la route de Besançon. Cependant le général
Cambriels ramenait son armée sous les murs de la
ville, laissant au colonel Perrin la mission de garder
le mamelon de Châtillon qui était la clef de la position. En conséquence, il transmettait au colonel
Perrin, l'ordre suivant :

« *Colonel Perrin restera en position sur les hau-*
teurs de Châtillon-le-Duc. Il aura avec ses troupes
un bataillon des Deux-Sèvres. Il aura pour réserve à
la croisée des routes un bataillon de la légion d'An-
tibes, sur lequel il se replierait au besoin. Les
troupes reprendront leurs positions autour de Besan-
çon. Elles seront sous les armes à quatre heures du
matin. Cambriels ».

» Le bataillon des Deux-Sèvres ayant reçu con-
tre-ordre rejoignit, le 23 octobre, son régiment
resté en réserve aux Monts-Boucons où il était
campé.

» Le lendemain, la 7ᵉ compagnie reçut par le
colonel Rouget les éloges du général Cambriels.

» **LES MONTS-BOUCONS**. — Les trois bataillons rassemblés aux Monts-Boucons furent cantonnés dans les fermes et villas abandonnées des environs ; le temps était partagé entre l'instruction militaire et la construction des redoutes destinées à compléter la défense de Besançon.

» Cependant le général Cambriels, sentant ses forces affaiblies par une ancienne blessure et par les soucis d'une réorganisation difficile, demandait à être relevé de son commandement. Il fut remplacé d'abord par le général Michel, puis par le général Crouzat sous la direction duquel la petite armée de l'Est s'organisa en 20ᵉ corps. Ce corps devait contribuer à former une armée plus considérable destinée à enrayer les mouvements de l'ennemi, conception juste qui fut reprise plus tard. Mais le gouvernement de la Défense nationale, préoccupé avant tout de la délivrance de Paris, fit du camp retranché d'Orléans la base de toutes les opérations préliminaires, et le 20ᵉ corps reçut l'ordre de se reporter sur la Loire ».

CHAPITRE IX

Beaune-la-Rolande (28 novembre)

Le 20e corps, rappelé sur la Loire, partit de Besançon le. 7 novembre, atteignit, le 11, Pierre (Saône-et-Loire) où il apprit la victoire de Coulmiers, campa à Chagny le 14, et le 19 à Gien. Le 22, le délégué à la guerre lui donnait l'ordre de se porter sur Bellegarde pour contribuer avec le 18e corps, général Billot, à reprendre Beaune et à chasser les Allemands de Pithiviers.

Avant de décrire la bataille de Beaune-la-Rolande, il importe de rappeler les évènements qui l'avaient préparée. L'idée capitale du gouvernement de Tours était de débloquer Paris, d'opérer la rencontre d'une armée de secours et de sortie. Orléans devenait le centre des opérations préliminaires. Ce plan ne fut réalisé que d'une façon incertaine jusqu'à l'arrivée de Gambetta à Tours. Du 20 novembre au 7 octobre il y eut en avant d'Orléans des engagements sans portée définie ; le 7 octobre, le général de la Motte-Rouge transférait son quartier-général de Bourges à Orléans ; le 8, les brigades Maurandy, Michel et Reyau prenaient contact, en avant d'Artenay, avec l'armée bavaroise de Von der Tann, forte de 40,000 hommes et 190 pièces de canon. Mais nos troupes, dont l'effectif était à peine de moitié, durent se replier sur Chevilly et sur

Orléans, dont Von der Tann s'emparait le 11, malgré la résistance acharnée de la légion étrangère dans le faubourg des Aydes.

Le général de la Motte-Rouge, après sa retraite en Sologne, avait été remplacé par d'Aurelle de Paladines, tiré du cadre de réserve, qui organisa solidement, au camp de Salbris, le 15e corps. Le 24, dans une conférence à laquelle assistait Gambetta, le général acceptait le principe d'un double mouvement offensif sur Blois et sur Gien destiné à délivrer Orléans. Le 6 novembre, d'Aurelle était à Mer avec le 15e corps, Chanzy avec le 16e à Marchenoir ; le 7, une forte reconnaissance allemande était battue à Vallières ; le 9, la bataille s'engageait dès le matin, et Coulmiers conquis vers trois heures à la baïonnette après les villages de Baccou, Charsonville, Villorceau, déterminait la retraite de l'armée bavaroise. Orléans reconquis autorisait des espérances qui furent douloureusement déçues.

L'idée du gouvernement de Tours était de profiter de l'élan des troupes et de les porter rapidement sur Paris ; d'Aurelle préférait se retrancher fortement à Orléans, et y attendre les évènements. Vers le milieu de novembre l'armée de la Loire, rapidement accrue, comprenait cinq corps d'armée, les 15e et 16e aux environs immédiats d'Orléans, le 17e corps, entre Meung et Marchenoir, les 18e et 20e corps, aux environs de Gien. Le 22, un ordre de Tours commandait à ces deux corps de remonter vers Beaune-la-Rolande et de s'en emparer sur les troupes de Frédéric-Charles, accouru à marches forcées de Metz, que le sinistre Bazaine avait hon-

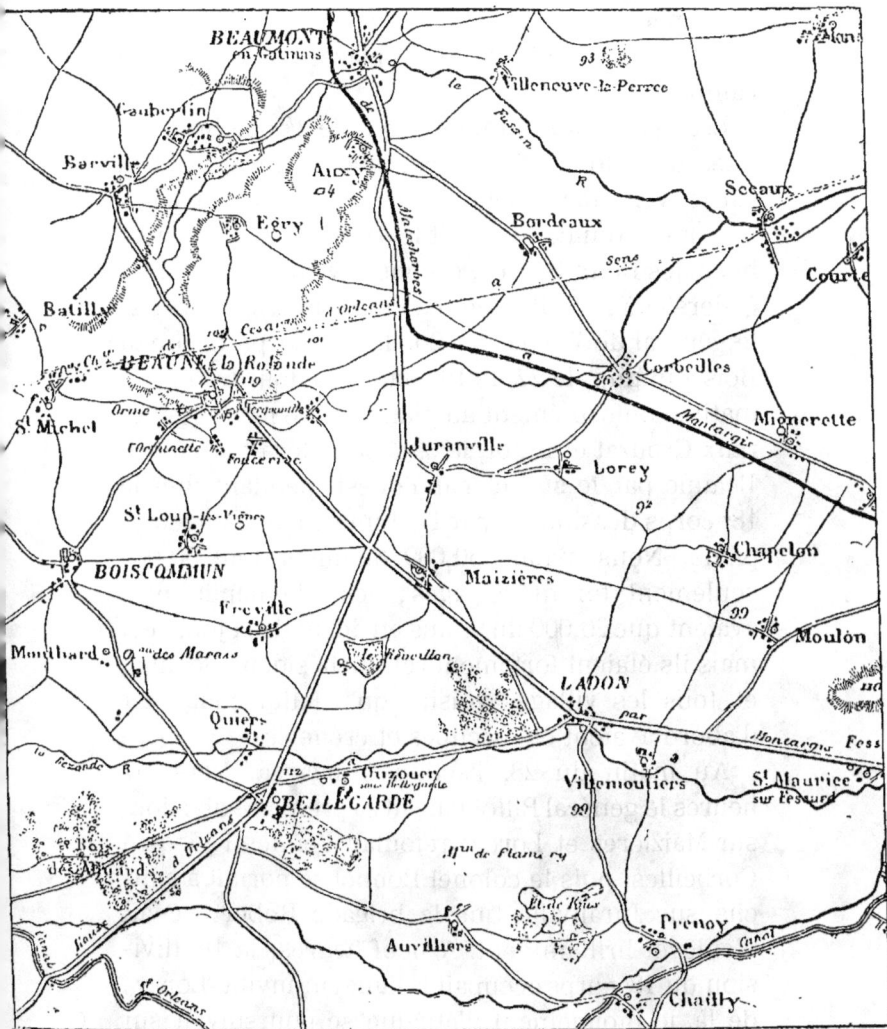

BEAUNE-LA-ROLANDE ET SES ENVIRONS $\frac{1}{150.000}$

teusement livré le 17 octobre, avec 173,000 hommes, 250,000 fusils, 876 canons de place, 600 canons de campagne.

Les opérations commencèrent le 24 octobre ; les têtes de colonne du 20ᵉ corps arrivèrent à Bellegarde vers neuf heures du matin ; la division Thornton, qui comprenait le 34ᵉ régiment des mobiles des Deux-Sèvres, repoussa vigoureusement à Quiers et à Fréville une reconnaissance dirigée par le général de Voyna ; le 26, le 20ᵉ corps occupait Boiscommun, le 27, le 18ᵉ était à Ladon. Le 28, au matin, conformément au plan élaboré par les généraux Crouzat et Billot, le 20ᵉ corps devait atteindre Beaune par le sud et par l'ouest, pendant que le 18ᵉ corps dessinerait par l'est une attaque enveloppante. Nous avions 50,000 hommes dont 30,000 seulement furent engagés ; les Allemands n'en avaient que 20,000 du moins au début de la journée, mais ils étaient fortement retranchés dans Beaune, et tous les villages voisins qu'il fallut conquérir d'abord avaient été occupés et crénelés.

Au matin du 28, l'action s'engagea. Vers six heures le général Billot lançait sa première division, sur Maizières et Lorcy, refoulait l'ennemi jusqu'à Corbeilles, puis le colonel Bonnet se portait à gauche sur Juranville que la brigade Robert venait d'enlever brillamment. A neuf heures, la 1ʳᵉ division du 18ᵉ corps occupait la ligne Juranville-Lorcy : de là, le mouvement d'attaque se poursuivait sur les Cotelles où les Allemands avaient trois bataillons et deux batteries bientôt renforcées de tout le reste de la brigade. Les Cotelles d'abord conquises sont reprises par l'ennemi qui nous repousse d'un élan furieux jusqu'à Juranville où nos soldats obstinés disputent le cimetière, chaque barricade, chaque maison, et ne cèdent la place qu'à une heure de l'après-midi.

Le colonel Robert, l'âme de cette résistance acharnée, reforme sa brigade du côté de Maizières, la renforce de trois bataillons de réserve, reprend Juranville, s'élance jusqu'aux Cotelles : deux pièces prussiennes accourues du sud perdent servants et chevaux : l'une se retire à grand peine, l'autre est abandonnée sur le terrain. A ce moment le commandant Renaudot, du 3e lanciers de marche, charge les fuyards, s'empare des Cotelles malgré un feu violent, ramène avec une centaine de prisonniers la pièce de canon que le capitaine d'artillerie Brugère réussit, sous les balles, à fixer par une prolonge à l'un de nos avant-trains. Ce vif et brillant épisode où l'escadron de lanciers, du 3e de marche, se montrait digne des lanciers de Rezonville et des cuirassiers de Reischoffen terminait la série de nos avantages et l'offensive du 18e corps.

A partir de trois heures, en effet, pour des causes demeurées obscures, le 18e corps entretient seulement un feu d'artillerie sans grande efficacité et ne reprendra sa marche en avant qu'à la nuit tombante, ajoutant au désarroi d'une bataille perdue. Le général Crouzat, qui a poussé le 20e corps à deux pas de Beaune, multiplie les estafettes, rejoint le général Billot sur la route de Juranville : « Je lui demande où est son corps d'armée. Il me répond qu'il arrive. Je le prie de se hâter, et je retourne devant Beaune. Il est trois heures et demie ».

Dès l'aube, le 20e corps s'était porté de Boiscommun à Montbarrois. De là, la division Polignac gagnait Batilly à gauche, s'emparait du bois de la Leu, et, refoulant les Prussiens sur la voie romaine d'Orléans à Sens, en arrière de la ville, commençait à tourner les positions ennemies. La division Thornton comprenant les mobiles des Deux-Sèvres, de la Savoie et du Haut-Rhin, le 3e zouaves de marche, avait avancé ses lignes de tirailleurs contre Beaune en droite ligne, appuyée par la 14e batterie du 8e régiment, capitaine Colson, qui, postée sur les hauteurs de Saint-Loup, tirait à toute volée sur Beaune, répondant aux batteries ennemies placées sur le flanc de la ville. Au début nos troupes triomphent de toutes les résistances. Le 1er bataillon des mobiles des Deux-Sèvres, commandant Poupard, avait chassé du village de Jarrisoy, maison par maison, le 78e régiment de fusilliers hanovriens ; les 2e et 3e bataillons des Deux-Sèvres contribuaient vigoureusement à la prise des villages de l'Orme et de l'Orminette, y faisant plusieurs prisonniers et poursuivant au pas de course les Hanovriens des avant-postes qui fuyaient à toutes jambes vers Beaune ; ils arrivaient à 500 mètres des murs de la ville auprès des moulins de la Montagne ; une mitrailleuse, appelée en toute hâte, paralysait le feu meurtrier des Prussiens embusqués dans un moulin qui dominait sur la droite les abords de la ville ; toute la colonne était face à Beaune ; il n'y avait plus qu'à préparer l'assaut par le bombardement.

Mais Crouzat répugnait à canonner une ville française, à démolir un clocher d'où partaient des
signaux à l'adresse de Frédéric-Charles, et ce scru-
pule nous déroba la victoire.

Le commandant de Verdières, chef d'état-major
du général Thornton, sentant l'heure unique et
brève, résolut de tenter l'assaut. Groupant autour
de lui plusieurs compagnies des Deux-Sèvres, du
Haut-Rhin et de la Savoie, pendant que la musique
du Haut-Rhin joue la *Marseillaise*, il se précipite
dans la rue principale de Beaune, suivi du colonel
Rouget, du commandant Poupart, etc., franchit
plusieurs barricades, arrive au bout, se retourne,
voit la troupe héroïque décimée et rompue par les
tirailleurs prussiens embusqués dans les maisons.
Le colonel Rouget a son cheval tué, le commandant
Poupart la jambe percée par une balle, le capitaine
Guitton tombe l'épaule fracassée, le capitaine de
Gaulier, atteint de trois balles, meurt le soir dans
la ferme du moulin de la Montagne; les lieutenants
Morin, Bourdin et Chebrou sont grièvement blessés;
le sergent Lemaire tombe mortellement atteint; les
lieutenants Girardeau et Paul Levrier disparaissent
dans la mêlée et sont faits prisonniers; le capitaine
de La Porte et le sergent Capelier, plus heureux,
qui avaient pénétré jusque dans la ville, n'en sor-
taient, dit le rapport du colonel Rouget, « que par
un miracle ». Quelques officiers du 3e zouaves, des
mobiles du Haut-Rhin et de la Savoie partagent le
sort des nôtres. Ceux qui survivent à cet exploit,
égal aux plus beaux actes d'héroïsme, quittent la
rue meurtrière et rejoignent le gros de la division

Thornton qui poussait les Prussiens d'un si bel
élan que les compagnies entières se réfugiaient
dans les fossés.

Il était à peu près quatre heures : l'espérance
légitime de la victoire allait encore une fois nous
échapper ; pendant que le 18ᵉ corps s'immobilise,
que la division des Pallières, vainement sollicitée,
demeure inerte à Chilleurs-aux-Bois, les renforts
prussiens arrivent de Pithiviers, la division Stülp-
nagel presse la division Polignac qui d'abord tient
bon, puis cède l'Ormeteau, Batilly. A la nuit noire,
Crouzat désespéré ramasse tous les débris de sa
division, zouaves, Deux-Sèvres, Pyrénées-Orien-
tales, Savoie, se met avec son escorte à leur tête,
fait sonner la charge et court sur Beaune. Mais aux
premières maisons un tir à bout portant les arrête ;
les chevaux reculent, une barricade en bois prend
feu et développe l'incendie. Il faut revenir en
arrière. Le chemin était couvert de morts et de
blessés, zouaves ou mobiles. Le brave capitaine de
Parsay, des Deux-Sèvres, avait eu le bras traversé
par une balle, au moment où il s'élançait, avec sa
crânerie habituelle, à l'assaut de la barricade ; le
sergent fourrier Roy était blessé.

C'est alors que le commandant du 18ᵉ corps apparaît aux côtés du général Crouzat, insiste pour continuer la bataille, fait sonner la charge et commencer
le feu. Mais, dans l'obscurité, les balles vont frap-
per les tirailleurs du 20ᵉ corps. Crouzat craignant à
juste titre le désordre d'un combat de nuit et
sachant ses divisions épuisées fit reprendre les
positions du matin. Nous perdions 1,200 hommes,

tués ou blessés, 40 officiers ; les allemands, 850 hommes et 38 officiers.

Les soldats, exténués, regagnèrent leurs bivouacs antérieurs ; au 20e corps, la 1re brigade de la division Thornton, commandée par le capitaine de vaisseau Aube, garda seule ses positions au nord de l'Orminette jusqu'à onze heures du soir ; à ce moment, le général, s'apercevant de son isolement, prête l'oreille et rompant la conversation des officiers qui l'entouraient, leur dit : « Ecoutez le roulement des pièces d'artillerie, des chariots, le claquement des fouets ; l'ennemi se dirige sur Saint-Loup et Boiscommun ; si nous restons ici, dans une heure nous serons cernés. » L'ordre de retraite fut donné et le départ s'effectua non sans quelque désordre ; les compagnies se mêlaient dans l'obscurité ; on retrouvait d'ailleurs avec une joie triste ses compagnons de lutte : Voici le Haut-Rhin. — Ici, la Savoie. — Bravo, ce sont les Deux-Sèvres !

A deux heures du matin, la division Thornton, épuisée de fatigue, à jeun depuis 24 heures, plus abattue encore par le sentiment de son courage infructueux, campait à Quiers et à Fréville sur la terre trempée de pluie. Le lendemain, la retraite s'effectua sur Nibelle, Chambon, Montliard et Nesploy. Le 3 décembre, le général Bourbaki venait à Nibelle prendre le commandement supérieur des 18e et 20e corps.

Le 4 décembre, les trois divisions du 20e corps se mettaient en retraite sur Orléans ; le 4 au soir, en apprenant la défaite du 15e corps et l'occupation d'Orléans, Crouzat reporta sa ligne de retraite sur

Saint-Denis et Jargeau. Le 9, on atteignait péniblement Bourges, à onze heures du soir, après une marche de quinze heures dans la neige. Le 10, les 15ᵉ et 18ᵉ corps campaient également autour de Bourges ; le 12 ,l'armée de la Loire était constituée sur de nouvelles bases. Le général Crouzat remit au général Clinchant le commandement du 20ᵉ corps et alla commander à Lyon la 8ᵉ division militaire.

VILLEPION ET LOIGNY. — Pendant que l'aile droite de l'armée de la Loire se repliait sur Jargeau, puis Bourges, l'aile gauche prit l'offensive pour répondre à la sortie du général Ducrot. Un conseil de guerre eut lieu à Saint-Jean-de-la-Ruelle ; M. de Freycinet y fit accepter le plan de pousser en avant toute l'armée de la Loire, les 18ᵉ et 20ᵉ corps sur Beaune, les 15ᵉ et 16ᵉ corps sur Pithiviers par Chilleurs, pour gagner de là la forêt de Fontainebleau. Chanzy qui commandait le 16ᵉ corps entra en ligne le premier. Il attaquait le grand duc de Mecklembourg à Villepion, le 1ᵉʳ décembre, s'emparait avec l'aide de Jauréguiberry du parc et du village, s'installait sur les positions conquises et apprenait le soir même l'heureux début de la sortie de Paris sur la Marne.

Le lendemain, le grand duc de Mecklembourg ayant concentré ses forces autour de Loigny, la bataille recommença. Jusqu'à onze heures nous eûmes l'avantage, mais l'arrivée d'une nouvelle division bavaroise forçait Jauréguiberry à céder Loigny ; il se cramponnait d'ailleurs à Villepion,

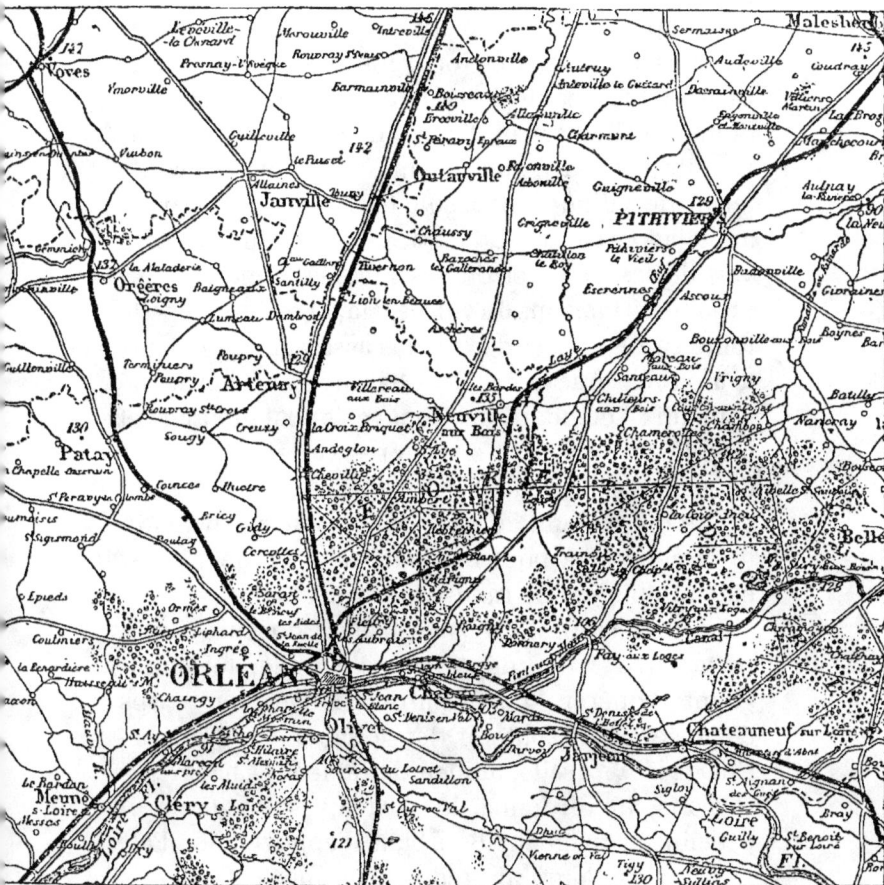

ORLÉANS ET SES ENVIRONS $\dfrac{1}{500.000}$

permettant à une portion du 17e corps, commandé par de Sonis, de venir à la rescousse.

Groupant autour de lui un millier d'hommes, mobiles des Côtes-du-Nord, zouaves pontificaux de Charette, francs-tireurs de Tours et de Blidah, de Sonis s'élance sur un terrain découvert, balayé par la mitraille ; la petite colonne héroïque enlève la ferme de Villours, bouscule tout jusqu'à Loigny, et après avoir parcouru l'espace de 1,200 mètres couvert de ses morts et de ses blessés, conquiert les premières maisons du village. Mais Treskow appelle toute sa réserve et décime les assaillants. De Sonis a la jambe fracassée, de Charette son cheval tué sous lui ; l'étendard des zouaves s'abat cinq fois et cinq fois se relève ; à six heures et demie du soir, dans Loigny en ruines, quelques compagnies du 37e de marche qui avaient toute la journée défendu le cimetière, à bout de munitions et de forces, étaient obligées de rendre les armes.

Le 2 décembre, à quatre heures du soir, Gambetta envoya une dépêche à d'Aurelle, lui enjoignant d'opérer la concentration des cinq corps d'armée pour soutenir les assauts de Frédéric-Charles. D'Aurelle, au lieu de ramener Chanzy sur Orléans, lui ordonna de garder ses positions, il prévint tardivement Bourbaki d'appuyer des Pallières, à Chilleurs, de telle sorte que le 15e corps seul soutint le choc de l'armée allemande.

Le 3 décembre, malgré quelques tentatives partiellement vigoureuses de résistance contre un ennemi dix fois supérieur, le 15e corps dut se replier de Chilleurs sur Cercottes, puis sur Orléans où l'appelait une dépêche de d'Aurelle, qui avait résolu d'évacuer la ville. L'arrière-garde contint l'ennemi toute la journée du 4; à la nuit tombante, les Allemands s'apprêtaient à bombarder la ville quand un envoyé du général en chef annonça la reddition.

Le désastre matériel et moral était grand : 2,000 tués ou blessés, 18,000 prisonniers, 74 pièces et un matériel immense abandonnés. Ce qui était pire, c'était l'échec d'un plan où tous les Français avaient mis leur espoir.

9

CHAPITRE X

La deuxième armée de la Loire

Orléans aux mains de l'ennemi, les trois portions de l'armée de la Loire se replièrent, le 15e corps sur Salbris avec d'Aurelle, les 18e et 20e corps en arrière de Jargeau, les 16e et 17e corps sur Beaugency. La première armée de la Loire coupée de fait en deux par l'ennemi, le gouvernement décida de constituer deux armées destinées d'abord à opérer sur la Loire, la première sous les ordres de Bourbaki avec 100,000 hommes (15e, 18e, 20e corps), la seconde sous les ordres de Chanzy avec 120,000 hommes (16e, 17e, 21e corps (1), plus la colonne mobile de Tours).

JOSNES ET BEAUGENCY. VENDOME. — Chanzy, qui avait rapidement relevé le moral de ses troupes, les disposa de Marchenoir à Beaugency avec son quartier-général à Josnes. Il avait un double but : contenir la poursuite des Allemands et demeurer à même de se reporter vers Paris quand la première armée de la Loire réorganisée permettrait l'offensive. Le 7 décembre, une division du 21e corps repoussait

(1) Le 21e corps, récemment formé, était commandé par le capitaine de vaisseau Jaurès ; le 4e bataillon des mobiles des Deux-Sèvres, après avoir fait partie d'une colonne mobile commandée par le général Fiereck ,avait été rattaché au 21e corps, division Rousseau.

une forte reconnaissance à Vallières et occupait Binas ; le 8, une attaque de tout le front était repoussée à la gauche et au centre par Jaurès et Jauréguiberry, mais la droite, vers quatre heures, abandonnait Beaugency ; le 9, l'armée de Chanzy avait à combattre Frédéric-Charles qui était venu renforcer le duc de Mecklembourg avec le Xe corps ; nous dûmes abandonner Villorceau et même Origny qui découvrait Josnes, mais le soir Origny fut repris par le 17e corps ; le 10, malgré une attaque, nous conservions Origny, Tavers, et nous poussions notre gauche jusqu'à Ouzouër-le-Marché, mais les Allemands commençaient à nous déborder sur la droite, et pour éviter le risque d'être enveloppé, Chanzy, qui avait vainement fait appel au concours de Bourbaki, dut se résigner à la retraite.

Avant de quitter les lignes de Josnes, ce terrible « corps à corps » de quatre jours que les Allemands appellent bataille de Beaugency, nous devons signaler cette résistance tenace qui n'avait cédé aux ennemis que six kilomètres dont deux même avaient été regagnés.

Le 11, la retraite commença, vers deux heures du matin, sur Vendôme. Chanzy comptait consolider ses troupes et surveiller Chartres : l'idée du déblocus de Paris ne le quittait pas. Jusqu'au 13, la poursuite des Allemands fut plutôt molle; le 14, nous perdions Fréteval; le 15, le 21e corps le reprit, pendant que le 16e corps se maintenait à Saint-Amand, mais le 17e corps perdait Bel-Essort et découvrait Vendôme; le 16, les généraux, impressionnés par la fatigue des soldats qui campaient

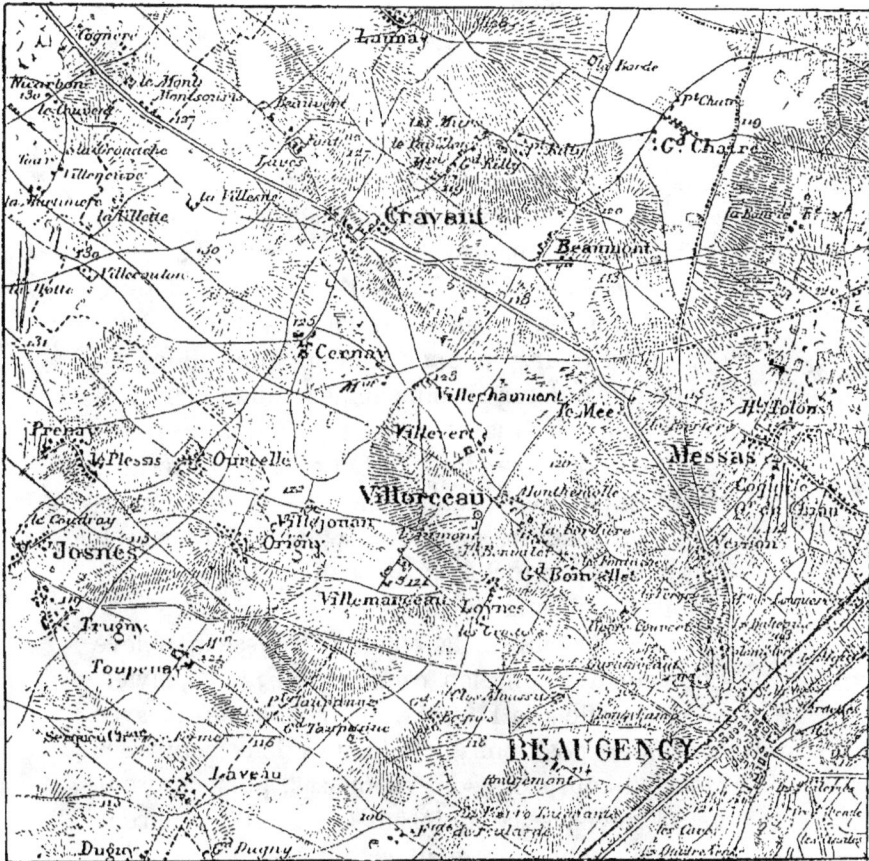

JOSNES — VILLORCEAU — BEAUGENCY

$$\frac{1}{80.000}$$

sur un terrain tour à tour glacé ou boueux, insis-
tèrent pour la retraite à laquelle Chanzy se résigna ;
le 19, la deuxième armée de la Loire atteignait le
Mans et prenait quelques jours d'un repos noble-
ment gagné.

LES COLONNES MOBILES. LE MANS. — Le plan de Chanzy
consistait à préparer le plus tôt possible avec le
concours de Faidherbe et Bourbaki le déblocus de
Paris ; mais ce plan se heurtait à deux obstacles,
d'abord la retraite de Faidherbe après la victoire
de Bapaume, puis l'envoi de l'armée de Bourbaki
dans l'Est pour y couper les communications de
l'ennemi. Il ne restait plus au général en chef qu'à
lutter contre les dissolvants de l'inaction en prati-
quant une offensive intermittente et circonscrite :
d'où l'emploi des colonnes mobiles. Nous ne note-
rons que l'activité propre à la division Rousseau
(21e corps), à laquelle appartenait le 4e bataillon des
mobiles des Deux-Sèvres.

Le 31 décembre, la colonne Rousseau enlève
Courtalin avec un élan remarquable ; le 3 janvier,
elle s'installe à la Fourche ; le 5, elle défend avec
succès ses positions ; le 6, jusqu'à deux heures les
Mecklembourgeois sont repoussés, puis ils prennent l'offensive, conquièrent la Fourche malgré la
défense particulièrement vigoureuse du bataillon
des Deux-Sèvres et du 13e bataillon de chasseurs à
pied. Le même jour, sur la droite, les francs-tireurs
des Deux-Sèvres s'emparaient de Saint-Amand
qu'on dut abandonner sur l'ordre du colonel Jobey
qui craignait d'être pris et enveloppé. Le 9, Chanzy,

voulant se dégager de l'étreinte de Frédéric-
Charles qui approchait du Mans, porta toutes ses
colonnes en avant, la division Rousseau se maintint toute la journée à Connerré avec la même bravoure qu'à la Fourche, mais les divisions Barry et
Jouffroy durent se replier et le 10, le centre de
l'armée allemande prenait contact avec les avant-
postes du Mans.

Le 11, nous étions victorieux ; le 12, nous étions
battus et débordés ; l'incident de la Tuilerie avait
ruiné les dernières espérances. Le 11, Jaurès soutint le choc sans faiblir à Monfort et Pont-de-Gennes ;
au centre Gougeard reconquit le plateau d'Auvours ;
à droite Jauréguiberry s'était maintenu avec sa
vigueur habituelle à Parigné-l'Evêque et Changé ;
la journée était bonne, mais vers huit heures et
demie du soir, pendant que Chanzy rédigeait ses
instructions pour le lendemain, une compagnie
prussienne se heurtait aux mobilisés bretons et
provoquait une panique incoercible. Ces malheureux, débilités par la stagnation du camp de Conlie,
s'enfuirent au Mans entraînant les compagnies voisines, déchaînant la débâcle ; à sept heures du
matin, Jauréguiberry télégraphiait à Chanzy son
impuissance à retenir les fuyards. La retraite s'effectua avec une fermeté relative, le 21e corps défendit et conserva son artillerie et, le 15 janvier,
repoussait avec succès, à Sillé-le-Guillaume, une
colonne d'infanterie et une brigade entière de
cavalerie.

La première armée de la Loire

Armée de l'Est

Le 19 décembre 1870, le général Bourbaki se décidait après beaucoup d'hésitations à commencer l'exécution du plan de M. de Freycinet, qui consistait à reporter dans l'Est la première armée de la Loire et à débloquer Belfort. Ce plan a été aisément critiqué ; il a été cependant sur le point de réussir puisque le 15 janvier la gauche de l'armée n'était plus qu'à quelques kilomètres de Belfort ; un chef énergique et, tout d'abord, un transport plus rapide des troupes auraient probablement constitué le succès.

Il fallait opérer par surprise et déconcerter le grand état-major allemand qui ne commença à s'émouvoir que le 25 décembre ; malheureusement nos troupes s'échelonnaient péniblement et campaient dans la neige entre deux trains ; les compagnies d'Orléans et de Paris-Lyon se dérobaient le plus possible aux exigences du moment, de telle sorte que l'armée de l'Est mit dix jours à se porter de Nevers sur Châlon-sur-Saône et Chagny, et débarquait à Clerval, centre assez mal choisi de ralliement, dans les premiers jours de janvier. Werder, fort mal renseigné par de Moltke qui lui prescrivait de réoccuper Dijon « attendu que l'ennemi n'a pas l'intention de percer entre Besançon et Belfort », crut prudent de choisir une position centrale sur la ligne Villersexel-Saint-Ferjeux, pour se tenir prêt contre toutes les contingences. Le 8, Werder, fixé doublement sur nos intentions par les mouvements de l'armée de Bourbaki et par une dépêche de Bâle, prit résolument l'offensive dans la direction de Villersexel, et le 9, la bataille s'engagea.

La bataille de Villersexel fut l'une des plus longues et des plus meurtrières de toute la campagne ; gagnée par les Allemands à deux heures, elle fut regagnée par nos soldats qui étaient, à dix heures du soir, maîtres de la ville et du château. Les villages environnants, Marast et Moimay, les quartiers hauts et bas de la ville, les étages mêmes du château avaient été disputés pièce à pièce et ce n'est qu'à deux heures du matin que les derniers Badois s'enfuirent. Cette victoire fut glorieuse, mais stérile, car Bourbaki, n'ayant engagé que les têtes de colonne, ne put que refouler Werder au lieu de le tourner, et ce refoulement eut lieu, par une incompréhensible maladresse, du côté même de Belfort dont il fallait le couper.

Le 10 janvier nos chances étaient encore considérables ; les trois corps d'armée français (18e, 20e, 24e) étaient aussi près de Belfort que les troupes chargées de couvrir le siège ; malheureusement au lieu d'aller droit au but, les journées s'usèrent dans l'inaction ou dans des luttes épisodiques, telles que Saulnot, qui bien que favorables, étaient loin d'améliorer la situation, puisque Werder se retranchait puissamment derrière la Lisaine, en avant de Belfort, utilisant avec habileté la série de massifs qui s'étend de Montbéliard à Frahier.

Batailles sur la Lisaine

(15, 16, 17 janvier)

Le 14, au soir, Werder, inquiet malgré la puissance de ses retranchements, télégraphiait à Versailles pour être relevé de sa mission. De Moltke répondit par l'ordre formel de soutenir la bataille. Elle dura trois jours, avec des chances d'abord incertaines.

Le 15, notre droite conquiert Montbéliard, sauf le château, notre centre (18ᵉ et 24ᵉ corps) se heurte au cœur même de la défense, Héricourt et Chagny ; notre gauche est peu active ; le 16, la gauche renforcée par l'arrivée de Cremer et de Penhoat, s'empare de Chénebier, de Frahier, n'est plus qu'à quelques kilomètres de Belfort, mais non renforcée et soutenue, s'arrête, tandis que le centre s'inutilise dans une canonnade lointaine et que la droite se heurte toujours au château imprenable de Montbéliard. Le 17, le général en chef, au lieu de reporter ses meilleures troupes sur la gauche et de tourner les massifs de la Lisaine en allant droit à Belfort, concentra son effort sur le centre des positions ennemies dont le hérissement formidable interdisait tout espoir d'assaut. Un conseil de guerre mit fin à la bataille et décida la retraite sur Besançon.

C'était une décision pitoyable ; l'armée démoralisée allait avoir à lutter contre la poursuite de Werder et l'élan de Manteuffel qui accourait à toutes brides par Langres et par Dôle ; on se met-

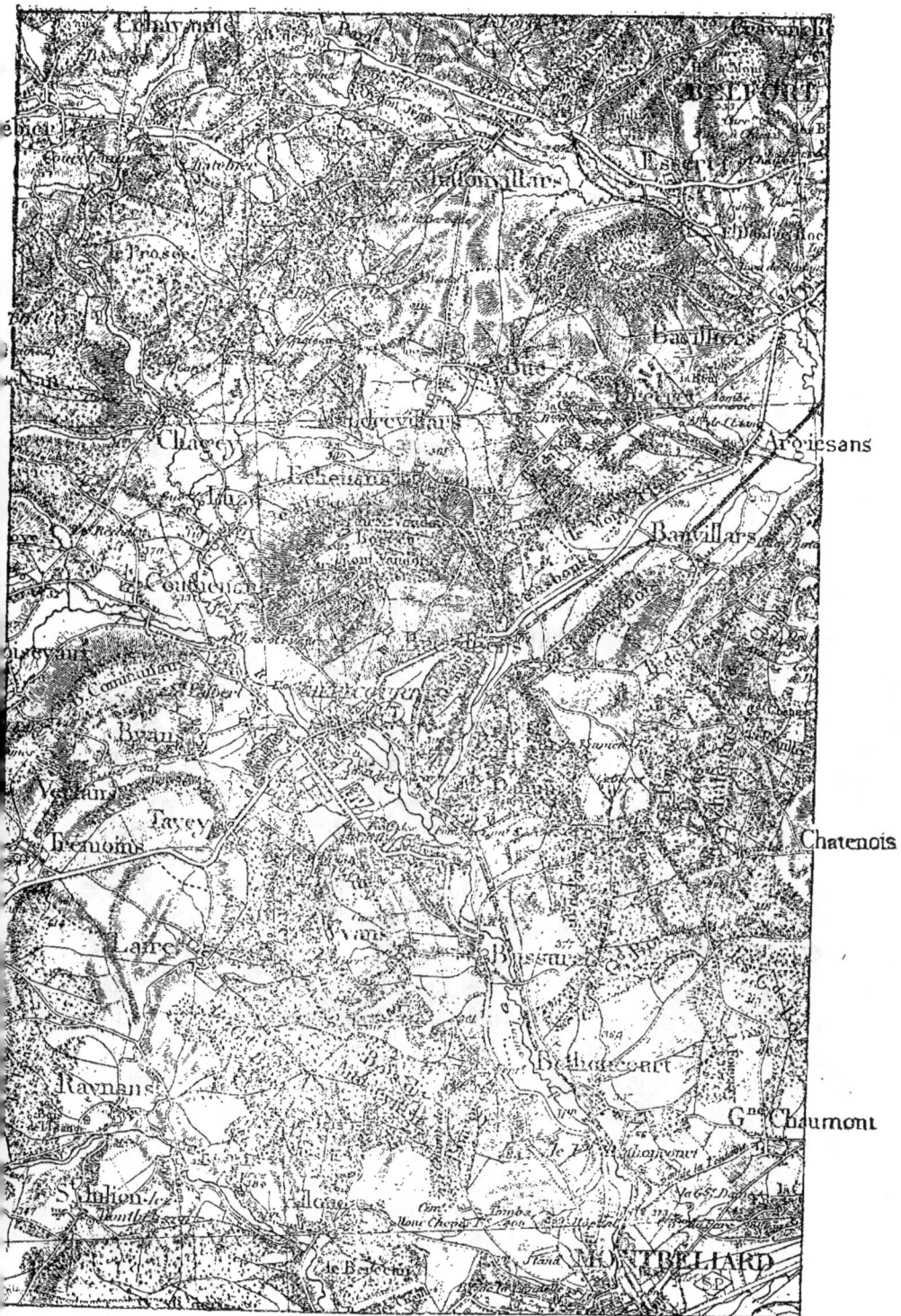

tait entre deux feux, on s'acculait dans une impasse
au lieu d'aller droit à Manteuffel qui, même vain-
queur, n'aurait pu capter les 100,000 hommes de
Bourbaki.

Le 21 janvier, Werder jette deux divisions sur
Baume, Manteuffel menace Quingey, route de Lyon ;
l'étau se dessine ; les 23 et 24, nous abandonnons,
puis cherchons à réoccuper les défilés du Lomont ;
le 25, un conseil de guerre décide de continuer la
retraite sur Pontarlier ; le 26, le général Bourbaki,
désespéré, se tire un coup de revolver à la tempe ;
le 27, le général Clinchant prend le commandement
et précipite la retraite ; le 28, la division d'Astugue
se laisse capturer tout entière, après une heure à
peine de résistance.

Le 29 janvier, à Chaffois, à deux pas de la Suisse
et du désastre final, le 34e régiment des mobiles
des Deux-Sèvres ajoute à son histoire un épisode
glorieux ; cantonné à Chaffois il lutte pendant deux
heures contre les troupes du colonel de Cosel,
quand un parlementaire vient arrêter le feu (1).
L'armistice était signé, mais par un oubli étrange,
il ne comprenait pas l'armée de l'Est ; il fallait se
résigner à passer en Suisse, sous peine d'être
écrasés ; les têtes de colonne se hâtaient vers la
frontière dans un désordre indescriptible pendant
qu'à l'arrière-garde, aux gorges de la Cluze, quelques braves cœurs (29e de marche, infanterie de
marine) maintenaient l'ennemi une journée tout

(1) Lire dans *Les Mobiles des Deux-Sèvres* le récit de cette
affaire par un officier du 34e régiment.

entière, sous les ordres du général Pallu de la Barrière.

Paris avait du se rendre le 28 janvier, vaincu par la famine plus que par le canon. Malgré de nombreuses sorties, dont quelques-unes avaient eu des débuts favorables, les réserves énormes de militants et de courage que possédait la Capitale n'avaient pas été utilisés avec suite et prévoyance ; là encore c'étaient moins les dévouements individuels qui avaient manqué que la valeur et l'unité des directions.

CHAPITRE XI

Les Francs-tireurs

On a gardé le souvenir dans le centre de la France de ces compagnies de francs-tireurs venues surtout du midi, dans un accoutrement pittoresque, avec des chapeaux tyroliens ombragés de longues plumes et des ceintures hérissées de poignards ; mais ces « Vengeurs de la mort » avaient surtout le souci de bien vivre, et plus redoutés des paysans que de l'ennemi, cachaient sous des dehors formidables des âmes bénévoles, mal adaptées aux exigences du moment.

Il serait parfaitement injuste d'englober tous les corps de francs-tireurs dans le sentiment fâcheux qui nous est resté de ces groupements hétéroclites : tous les temps ont leur bohême, à plus forte raison les temps de trouble et de guerre. Mais il y a eu, en plus grand nombre qu'on ne le croit d'ordinaire, des compagnies de francs-tireurs bien dressées, bien équipées, bien « en main », et qui ont rendu des services appréciés de nos meilleurs généraux. Ces compagnies n'ont pas seulement combattu avec une bravoure consignée dans les histoires générales de la guerre, mais elles ont à peu près seules assumé la fonction capitale « d'éclairer » les marches et les retraites, fonction complètement négligée ou dédaignée par la cavalerie, si ardente d'ailleurs et si héroïque dans les charges.

Les francs-tireurs des Deux-Sèvres, commandés
par M. Poinsignon, se sont montrés, par leur discipline et leur courage, au niveau des meilleures
troupes ; ils ont, pendant près de trois mois, partagé le sort inégal de l'armée de la Loire ; ils étaient
à Beaugency, à Saint-Amand, à Parigné-l'Evêque,
à Sablé ; mais avant de leur rendre la justice qui
leur est due, nous tenons à signaler quelques compagnies de francs-tireurs avec lesquels nos compatriotes du 34e régiment des mobiles des Deux-Sèvres
ont lutté côte à côte.

Ainsi, au combat de la Bourgonce, la colonne
commandée par le colonel Rouget comprenait les
trois bataillons des mobiles des Deux-Sèvres, un
demi-bataillon du 32e de marche, et trois compagnies de francs-tireurs, dont ceux de Lamarche qui
avaient pour lieutenant Mlle Antoinette Lix, rece-
veuse des postes qui, par sa brillante conduite,
mérita la médaille militaire, et, plus tard, la croix.
Dans les combats sous Besançon (21, 22 octobre),
nos compatriotes eurent comme compagnons d'armes les francs-tireurs du Doubs et de l'Isère.

Nous devons une mention spéciale aux francs-
tireurs de Lipowski avec lesquels le 4e bataillon des
mobiles des Deux-Sèvres a souvent et vaillamment
combattu, particulièrement à la Fourche (3 janvier).
Ces francs-tireurs et nos mobiles, dans l'armée de
Chanzy, appartenaient à la division Rousseau, du
21e corps d'armée, commandé par l'amiral Jaurès.
Ce corps ,rapidement formé après la seconde prise
d'Orléans, fut l'un des plus vigoureux et des plus
actifs, de Josnes à Vendôme et au Mans.

M. Auguste POINSIGNON
Capitaine commandant la compagnie des Francs-Tireurs
des Deux-Sèvres

Nous empruntons à l'un de nos compatriotes le portrait de Lipowski dont il fut le compagnon et l'admirateur (1) : « Sorti de Saint-Cyr, capitaine de cavalerie en Afrique (1870), il demanda à l'empire la permission d'organiser des compagnies de francs-tireurs. Cette permission lui fut obstinément refusée ; ce ne fut qu'après le 4 septembre qu'il eût gain de cause... Le général a de trente à trente-cinq ans, sa taille, au-dessus de la moyenne, a une certaine tendance à l'embonpoint, ses traits sont mâles et réguliers ; ses cheveux noirs et abondants encadrent bien sa figure ; ses yeux bleus, doucement expressifs, s'imprègnent à de certains moments de cette énergie indomptable dont il a fait preuve dans la défense d'Alençon et de Châteaudun ».

L'affaire d'Ablis (6 octobre), la défense de Châteaudun, après le départ des troupes régulières, la lutte dans les lignes de Josnes, à Vendôme, à la Fourche, dans de nombreux combats anonymes qui interceptaient les ravitaillements de l'ennemi, montrent les services que pouvaient rendre ces compagnies avec un chef résolu. Les Allemands n'auraient pas en août envahi la France, franchi les Vosges, ils n'auraient pu dans la suite coordonner leurs mouvements, maintenir leurs communications avec autant d'aisance et de célérité si beaucoup de corps francs avaient couru la campagne, tels que ceux de Lipowski, de Mocquard et du commandant Poinsignon.

C'est le 1er octobre 1870 que M. Auguste Poinsi-

(1) *Campagnes de la Loire et de la Sarthe*, par M. Georges Breuillac, capitaine au 4e bataillon.

gnon demanda au Préfet des Deux-Sèvres, alors
M. Mahou, l'autorisation de former un corps franc;
l'approbation du Ministre de la guerre parvint le 11,
et le 12, le Comité local de défense approuvait les
statuts et la proclamation suivante : « Aux armes,
levons-nous tous pour repousser les barbares qui,
violant toutes les lois de la guerre, ne respectent
ni femmes, ni enfants, ni vieillards, volent, pillent
et portent l'incendie dans la chaumière des pauvres.

» Aux armes ! repoussons l'invasion d'un peuple
qui veut démembrer la France et l'anéantir.

» Ayons confiance en Dieu et en notre bon droit,
et l'étranger qui foule le sol sacré de la patrie, sera
expulsé aux cris mille fois répétés de : Vive la
France. »

Nous extrayons des statuts les points les plus
intéressants :

« Les hommes seront équipés par le département. Le costume comprendra : une vareuse drap
bleu foncé, collet et parements de drap vert, pantalon drap bleu foncé, chapeau noir forme tyro-
lienne avec plumes de coq, souliers et guêtres noirs,
ceinturon, cartouchière, porte-sabre, cuir noir.

» Les francs-tireurs recevront une solde de 1 fr. 50
par jour. »

La question financière ne fut pas facilement
réglée ; le Ministère de la guerre ne voulut payer la
solde qu'à partir du jour où la compagnie lui fût
remise ; le comité de défense n'avait aucuns fonds
disponibles ; enfin la ville de Niort alloua une
somme de 5,000 fr. pour couvrir le commandant de

ses premières dépenses et subvenir aux frais sup-
plémentaires. Des dons et des souscriptions volontaires permirent de donner aux hommes et aux
sous-officiers la solde intégrale qui leur avait été
promise.

Les cadres de la compagnie furent constitués de
la façon suivante : commandant, M. Auguste Poinsignon, maire de Prailles ; lieutenant, M. Jacques
de Liniers, comte de Buenos-Ayres ; sous-lieutenant, M. Delamarre, adjudant de cavalerie re-
traité ; médecin, M. Cartron, détaché des cadres
de la marine ; l'effectif était de 153 hommes.

Le départ de Niort eut lieu le 25 novembre; les
autorités, la garde nationale en armes, toute la
population accompagna jusqu'à la gare les courageux volontaires ; le 27 au soir, on était à Vendôme
d'où l'on repartait le lendemain pour garder la
forêt, du côté de Courtiras ; le 29, la compagnie,
divisée par pelotons, reconnut toute la région
d'Epuisay, et poussa jusqu'à Montdoubleau d'où
elle délogea une compagnie prussienne, faisant
une douzaine de prisonniers, notamment le prince
de Zeuthen, et s'emparant d'un assez fort convoi.
Le 30, les francs-tireurs rentraient à Vendôme d'où
ils repartaient deux jours après dans la direction
de Fréteval et de la Ferté-Vineuil ; ayant opéré leur
jonction avec la brigade Paris, venue de Châteaudun, ils partaient le 6 pour Villorceau ; le 7, l'amiral
Jauréguiberry, qui commandait l'aile droite de
l'armée de la Loire, donna ordre au commandant
Poinsignon de se porter à Beaugency, et de prendre
position sur la route de Meung.

CHAPITRE XII

Beaugency (8 décembre)

« Le 8, au petit jour, un grand mouvement de troupes s'opérait dans la ville. Ne recevant aucun ordre et un général venant à passer, accompagné de son état-major, je lui demandai si le concours de ma compagnie pouvait lui être de quelque utilité. Le général ayant donné l'ordre d'évacuer Beaugency, m'envoya établir une ligne de tirailleurs en arrière de la ville à partir du pont, et s'étendant le long du fleuve dans le prolongement de la route de Tavers. Pendant la matinée, nous échangeâmes quelques coups de feu avec l'ennemi qui se trouvait de l'autre côté de la Loire. Ce ne fut que dans la soirée que trois batteries d'artillerie vinrent prendre position sur la rive gauche de la Loire et nous mitrailler à une petite distance ; elles bombardèrent en même temps la ville par un feu vif et soutenu. Le sauve-qui-peut général se fit entendre ; toute la population effrayée se précipita sur la route qui conduit à Tavers. Ces cris firent une certaine impression sur la compagnie et, je dois le dire à sa louange, malgré la mitraille et la vue des fuyards, elle n'abandonna pas une seule de ses positions... (1).

» Vers six heures du soir, nous entrâmes dans Beaugency ; je divisai mes troupes en deux colonnes,

(1) Voir Journal de Marche du commandant Poinsignon.

fis fouiller les premières maisons ainsi que toutes
les rues donnant du côté de Mer, et enfin la gare.
La gare fut déblayée, des mobiles prisonniers furent
dégagés. Je réunis ma compagnie au centre de la
ville, et je fus rejoint par le capitaine-adjudant-major
Martin, de la gendarmerie, qui reçut au même instant un coup de feu dans le bas-ventre, blessure
dont il mourut deux jours plus tard.

» La compagnie était à peine réunie, un peu au-
dessus de l'église, à l'endroit où la route de Josnes
vient s'embrancher sur la route d'Orléans, que
j'aperçus une colonne profonde se dirigeant sur
nous, et dont la tête se trouvait à peine à 30 mètres.
Je crus d'abord à une colonne française, je criai :
« Qui vive ? » Nous reçumes une grêle de balles ;
la compagnie était heureusement armée de spin-
cers. Je commandai le feu ; les prussiens battirent
en retraite, évacuèrent la ville après avoir laissé
entre nos mains quatre prisonniers, sept mulets,
une voiture attelée. Dans la crainte d'une nouvelle
offensive nous quittâmes Beaugency dans la nuit. »

Le 9, toutes les troupes qui se trouvaient à Mer,
reçurent l'ordre de se replier sur Blois ; le 10, la
retraite continua sur Amboise ; le 11, le commandant Poinsignon ayant demandé des instructions
au général Maurandy, reçut la réponse suivante :
« Vous n'appartenez pas à ma division, faites ce
que bon vous semblera »; il continua la retraite
sur Tours où un officier d'état-major donna l'ordre
de repartir immédiatement pour Amboise, ordre
qui ne fut pas exécuté dans la nécessité qui s'imposait de laisser un peu de repos à une compagnie

qui marchait sans interruption depuis le 29 novembre. Le 12, le chef d'état-major enjoignit aux francs-tireurs des Deux-Sèvres de se rendre par étapes à Poitiers où le général de Curten était chargé d'organiser une division de troupes n'appartenant jusque-là à aucun corps. Du 17, jour de l'arrivée, jusqu'au 26, jour du départ pour le Mans, la compagnie perfectionna son instruction militaire, compléta son équipement et fut pourvue de tout ce qui leur manquait encore, grâce à l'intervention de M. Ricard. Le 30, la petite colonne rejoignait la division Curten à Château-du-Loir, et le 31, campait avec elle à Château-Renault.

Les 2, 3, 4 janvier se passèrent, à Herbault, Château-Renault, Saint-Cyr-du-Gault, en escarmouches plutôt favorables; le 5, toute la division de Curten prit les armes, mais la colonne Jobey fut seule engagée pendant la journée et repoussa l'avant-garde allemande; le 6, pendant que, sur la gauche, la colonne Rousseau où se trouvaient nos compatriotes du 4ᵉ bataillon des mobiles, s'illustrait à la Fourche, la colonne de Curten, sur la droite, montrait une valeur égale. La colonne Jobey, dont faisaient partie les francs-tireurs des Deux-Sèvres, longtemps arrêtée devant Villethion, l'emportait enfin à la baïonnette, aidée par la batterie du capitaine Desvallons, et par la cavalerie du colonel Lacombe. Le duc Guillaume de Mecklembourg ordonna la retraite et nous occupâmes Saint-Amand.

Nous pouvons même ajouter que ce sont les francs-tireurs des Deux-Sèvres qui entrèrent les premiers. Après avoir, toute la journée, pris part à la bataille aux côtés des mobiles de l'Isère et des francs-tireurs de la Sarthe, se trouvant à la nuit tombante à trois kilomètres de Saint-Amand, ils résolurent d'occuper la ville sans attendre le lendemain. Les francs-tireurs éclairaient la marche et les bataillons de l'Isère marchaient en colonne sur la route. A 200 mètres des premières maisons, les clairons sonnèrent la charge et la colonne entra dans Saint-Amand où elle captura l'arrière-garde et les traînards. Vers deux heures du matin, le colonel Jobey, craignant un retour offensif pour le lendemain, donna l'ordre de se replier.

Cette journée étant une des plus intéressantes et des plus honorables pour la compagnie des francs-tireurs des Deux-Sèvres, nous en donnons le détail emprunté au journal de route du commandant Poinsignon :

« Je reviens à la part prise dans cette mémorable journée par ma belle et brave compagnie. Depuis notre arrivée à Château-Renault, on ne lui avait pas donné un seul instant de repos. Le général, voyant nos hommes fatigués, m'avait donné l'ordre de rester en réserve, mais, ayant entendu le canon sur toute la ligne il ne fut plus possible de les retenir ; au lieu de rester en réserve, nous occupâmes l'extrême droite. A la nuit, nous nous trouvions à trois kilomètres de Saint-Amand, avec la compagnie de la Sarthe, commandée par le comte de Foudras, et deux bataillons du régiment des mobiles de l'Isère. Je me réunis aux deux chefs de bataillon et je leur proposai d'enlever Saint-Amand, ce qui fût accepté aussitôt ; les francs-tireurs devaient éclairer la marche, les deux bataillons de l'Isère avancer en colonnes serrées sur la route.

» Nous ne savions pas au juste ce qui était resté de Prussiens à Saint-Amand ; des paysans en comptaient 10,000, d'autres signalaient seulement une arrière-garde. Nous avions remarqué une ligne de cavaliers qui nous avaient observés jusqu'à la nuit, mais nous étions certains qu'ils n'avaient pu apprécier la force de notre petite colonne (1,800 hommes environ) qui avait évolué en se cachant dans les bois et les villages. A 200 mètres des premières maisons les clairons sonnèrent la charge, et la colonne entra dans Saint-Amand.

» Il ne restait plus dans la ville que l'arrière-garde et les traînards. Une portion du convoi et de l'artillerie prussienne traversait en ce moment la ligne ferrée dans la direction de Vendôme ; de nombreux coups de feu furent échangés entre l'arrière-garde prussienne et notre avant-garde ; nous prîmes plusieurs prisonniers et quelques chevaux.

» Il est à regretter que nous n'ayons pas eu de cavalerie, car le convoi qui se sauvait à fond de train ne se trouvait qu'à quelques centaines de mètres.

» Nous nous entendîmes avec les différents chefs de corps, et toutes les mesures nécessaires pour nous garantir contre un retour offensif furent prises. Il était environ huit heures du soir ; une heure après l'occupation de la ville, les sentinelles nous signalèrent une colonne venant de l'autre côté du carrefour des routes de Vendôme à Château-

Renault, et de Saint-Amand à Montoire. C'étaient deux compagnies d'un régiment de marche égarées pendant la bataille et appartenant à la colonne Jobey.

» Nous envoyâmes prévenir sur le champ le général Curten, de notre occupation ; de son côté, le colonel Jobey qui se trouvait en avant de Ville-chauve, nous envoyait des cavaliers pour se mettre en communication avec nous.

» Tout allait pour le mieux, les hommes avaient fait la soupe et se reposaient sous des hangars, lorsqu'à onze heures le colonel Jobey nous envoya l'ordre de nous replier immédiatement. Les deux chefs de bataillon et moi nous nous réunîmes pour savoir si nous devions obéir aux ordres du colonel Jobey ou si nous devions attendre la réponse du message envoyé au général de Curten, sous le commandement duquel nous étions. Il fut décidé qu'on se retirerait et à minuit nous battions en retraite sur Château-Renault. Une reconnaissance de uhlans fut repoussée par notre arrière-garde, et à quatre heures du matin nous rentrions dans nos cantonnements ».

Pendant que le général Chanzy allait soutenir au Mans, les 11 et 12 janvier, le choc terrible de l'armée de Frédéric-Charles, les troupes du général de Curten tenaient campagne du côté de Montoire ; mais elles durent se retirer sous la pression des Prussiens, le 8, à Neuillé-Pont-Pierre, le 10, à Château-du-Loir, le 11, à Ecommoy. La journée d'Ecommoy est l'une des plus importantes dans l'histoire des francs-tireurs ; nous en empruntons le récit à notre source habituelle :

« A six heures du matin, un franc-tireur vint me prévenir que les Prussiens arrivaient. J'envoyai en reconnaissance deux hommes et un sous-officier ; ils furent accueillis par une vive fusillade.

» Une panique générale s'empara des habitants ; la nuit était fort noire, tout le monde jetait des cris. Un franc-tireur me prévint que huit Prussiens occupaient un café et tenaient prisonnier un homme de la compagnie. Je courus à ce café, sautai au milieu des Prussiens les sommant de se rendre ; leur premier mouvement fut de jeter leur fusil, mais me voyant seul, ils le relevèrent. Je tuai celui qui se trouvait le plus près de moi, les autres firent feu, nous étions si près qu'ils n'épaulèrent pas, je ne dus la vie qu'à un saut que je fis sur le côté.

» Les hommes de la compagnie arrivaient à mon secours ; un brave tirailleur entrant dans le café au moment de la décharge la reçut en pleine poitrine. Des huit Prussiens deux furent tués avec le franc-tireur, deux vinrent mourir dans une petite ruelle derrière l'établissement, quatre autres furent très grièvement blessés.

» La colonne prussienne descendait dans Ecommoy par la route du Mans ; la compagnie embusquée à l'angle de la place les reçut énergiquement, et tint cette position pendant trente-cinq minutes.

» Les Prussiens envoyèrent alors une deuxième colonne qui essaya de tourner la place en passant derrière l'église ; craignant d'être pris entre deux feux je me retirai à l'autre extrémité de la place, les tirailleurs se mirent à terre et ouvrirent un feu énergique.

» Les Prussiens débarquèrent alors des deux côtés à la fois, poussant des hurrahs formidables ; les voyant très serrés nous fîmes plusieurs décharges successives et nous nous repliâmes ayant occupé cette position douze minutes environ ; nous reculâmes de quarante mètres, même tactique. Seulement les Prussiens pour nous poursuivre étaient forcés de passer sous les reverbères ; à chaque fois qu'ils essayaient de les dépasser, ils recevaient une décharge meurtrière. J'attendais avec impatience le secours du 23e bataillon de marche des chasseurs à pied que mon lieutenant M. de Liniers était allé chercher. Enveloppé par les Prussiens, il ne dut son salut qu'à son énergie.

» Ne pouvant plus compter sur aucun concours, je me repliai sur la gare. J'avais tenu cinquante minutes avec 80 hommes contre 600.

» C'est à Pont-Vallain que nous retrouvâmes la division. Le général, voulant reconnaître les services rendus par la compagnie me prévint qu'il m'avait porté pour la Légion d'honneur après l'affaire de Saint-Amand, qu'il renouvelait cette proposition pour l'affaire d'Ecommoy ; il demandait en même temps une proposition pour la médaille militaire. Le choix était très difficile, les officiers et les soldats rivalisant de bravoure. Je proposai le sous-officier Chastany, qui s'était brillamment comporté à Beaugency et à Ecommoy, et je fus heureux de voir mon choix ratifié. »

Le 15, la compagnie se portait sur Laval avec la division de Curten. appelée par le commandant du 16e corps, Jauréguiberry ; le 16, en halte à Bazouges, elle capturait le comte de Moltke, neveu du major général des armées allemandes qui, dans une conversation avec le commandant Poinsignon, lui dit que depuis le commencement de la campagne les régiments de cavalerie allemands avaient perdu la moitié de leurs effectifs.

Le 17, la compagnie couche à Laval ; le 18, elle contribue à repousser un fort détachement ennemi qui pensait s'emparer de la ville par un coup de main ; jusqu'au 25 elle cantonne dans un faubourg de Laval, le 25 elle exécute une reconnaissance sur Chemeray-le-Roi et fait quelques prisonniers ; du 26 au 29 janvier, elle séjourne à Laval et y apprend la signature de l'armistice.

Le 30, la division part pour Andouillé ; le 11 février elle reçoit l'ordre de gagner Châtellerault par Angers, pour concourir à la défense de Poitiers au cas où les hostilités seraient reprises ; le 25, les corps francs sont dissous ; le commandant Poinsignon reçut le même jour la note suivante :

« Le général voit avec regret les francs-tireurs des Deux-Sèvres quitter la division. Il n'oubliera pas que dans toutes les circonstances ils se sont montrés disciplinés et valeureux ; à Château-Renault, à Saint-Amand, à Ecommoy, à Laval, ils se sont conduits en vaillants soldats : de Curten. »

Le 28, le commandant Poinsignon fut fait chevalier de la Légion d'honneur ; le 7 mars, la compagnie, après quinze jours passés à Poitiers, rentra à Niort, justement fière de ses états de services.

CHAPITRE XIII

Garde nationale mobilisée

Strasbourg, la ville héroïque, la noble cité française, après une vigoureuse et suprême résistance venait de succomber. Le 28 septembre au matin, les Prussiens occupaient les portes de la ville et les troupes d'investissement désormais disponibles allaient pouvoir renforcer les corps ennemis massés autour de Paris. A la suite des revers et des désastres qui accablaient notre vaillante armée, après avoir organisé et armé la garde mobile dont un grand nombre de régiments et de bataillons étaient en toute hâte dirigés sur le théâtre de la guerre, le Gouvernement se préoccupa de lever une armée de seconde ligne.

Par décret de Tours en date du 29 septembre 1870, les membres du Gouvernement de la Défense nationale délégués pour représenter le Gouvernement et en exercer les pouvoirs ordonnèrent aux Préfets d'organiser immédiatement en compagnies de gardes nationaux mobilisés :

1º Tous les volontaires qui n'appartenaient ni à l'armée régulière, ni à la garde nationale mobile ;

2º Tous les Français, de 21 à 40 ans, non mariés et veufs sans enfants résidant dans le département ;

Les Préfets devaient soumettre immédiatement les gardes nationaux mobilisés aux exercices militaires ;

Les compagnies de gardes nationaux mobilisés, leur organisation faite, pouvaient être mises
à la disposition du Ministre de la guerre.

Telles furent en substance les mesures prises
pour l'organisation prompte de la garde nationale
mobilisée.

Dès le 3 octobre, les conseils de révision fonc-
tionnèrent, et 8 jours après les opérations étaient
terminées dans le département des Deux-Sèvres.

Un décret du Gouvernement de la Défense nationale nommait M. Onésime Delavault, lieutenant-
colonel de l'infanterie de marine en retraite, au
grade de colonel de la garde nationale mobilisée
des Deux-Sèvres.

On lit dans le *Mémorial des Deux-Sèvres* du 7 novembre 1870 :

« Chacun sait que M. Delavault, notre compa-
» triote, engagé comme simple soldat, est arrivé
» jeune encore au grade de lieutenant-colonel et
» qu'il s'est distingué en Cochinchine par sa bra-
» voure, ses talents militaires et ses capacités
» comme organisateur et administrateur.

» Membre du Comité de défense des Deux-Sè-
» vres, il a élucidé bien des questions ayant trait
» aux mesures à prendre, et il conduira bravement
» au feu les légions qu'il a puissamment contribué
» à organiser. »

L'effectif des gardes nationaux mobilisés s'élevait,
environ, pour le département des Deux-Sèvres à
8,300 hommes et 224 officiers.

M. Onésime DELAVAU

Ancien Lieutenant-Colonel d'Infanterie de Marine
Général de brigade, à tire provisoire
Commandant supérieur des Mobilisés des Deux-Sèvres

Il fut réparti en trois légions ayant chacune à leur tête un lieutenant-colonel.

La première légion (lieutenant-colonel Masse) comprenait les mobilisés de l'arrondissement de Niort, divisés en trois bataillons.

La deuxième légion (lieutenant-colonel Guillot) comprenait les mobilisés des arrondissements de Melle et de Parthenay, quatre bataillons.

La troisième légion (lieutenant-colonel Augier de Saint-André, remplaçant le lieutenant-colonel Mailletard) comprenait les mobilisés de l'arrondissement de Bressuire, trois bataillons.

Au total dix bataillons de six compagnies chacun.

Cette formation était dénommée le premier ban des mobilisés.

Par décret du 29 octobre, le Gouvernement de la Défense nationale appelait sous les drapeaux tous les hommes valides de 21 à 40 ans, mariés ou veufs, avec ou sans enfants, non compris pour des causes diverses dans le premier ban.

Ce fut le second ban de la levée en masse décrétée par le Gouvernement.

Ce second ban fut lui-même divisé en trois catégories :

La première comprenait les mariés ou veufs, avec ou sans enfants, de 21 à 30 ans ;

La seconde, de 30 à 35 ans ;

La troisième, de 35 à 40 ans.

Le 14 novembre, M. Delavault, colonel, nommé commandant supérieur des légions des Deux-Sèvres, après avoir été reconnu par M. le Maire de

11

Niort fit reconnaître ensuite successivement les officiers de chacune des compagnies cantonnées à Niort.

M. Ricard, commissaire général de la Défense, dans une allocution chaleureuse adressée aux officiers, leur dit qu'ils pouvaient avoir confiance dans le brave chef qui avait été placé à leur tête.

Il ajouta que, dans un récent voyage à Tours, il avait eu le bonheur d'apprendre que le département des Deux-Sèvres était placé au premier rang, pour son patriotisme et son énergie, ainsi que pour la bonne et prompte organisation de ses corps mobilisés.

M. le Maire de Niort prit ensuite la parole et dit que si le département des Deux-Sèvres occupait le rang flatteur que lui assignaient les membres du Gouvernement de la Défense nationale, c'était surtout à l'intelligente initiative et aux efforts énergiques de M. Ricard, commissaire de la Défense, qu'il le devait.

Le 4 décembre, une dépêche circulaire du Gouvernement exprimait l'intention de n'envoyer dans les camps d'instruction que les mobilisés du premier ban, la révision des hommes mariés et veufs avec enfants étant de ce fait ajournée.

Le Gouvernement de la Défense nationale avait décrété la construction d'un camp stratégique dans le département de la Charente-Inférieure. Un premier projet décidait cette construction dans l'arrondissement de Rochefort. Le quartier général devait être établi à Surgères. M. le général de division Détroyat, neveu d'Emile de Girardin, était nommé commandant du camp. Le camp devait prendre le nom de camp stratégique de Surgères.

Un second projet établissait le camp à La Rochelle puis à Aigrefeuille ; enfin le projet définitivement adopté fixa le nouvel emplacement aux environs de Dompierre-sur-Mer. La résidence de l'état-major était établie au château de La Pinaudière, sur la route de Dompierre à La Rochelle.

Le 12 janvier, le général Détroyat adressait aux troupes placées sous ses ordres, l'ordre du jour suivant :

« Officiers, sous-officiers et soldats,

» Appelé par le Ministre de la guerre de la délé-
» gation de Bordeaux à l'honneur de commander
» le camp de La Rochelle, j'ai voulu, avant de vous
» en prévenir officiellement par un ordre du jour,
» attendre que la plus grande partie d'entre vous
» fut réunie sous mon commandement.

» Aujourd'hui que plus de 10,000 hommes sont
» répartis dans les cantonnements, je pense que le
» moment est venu de me mettre publiquement en
» communication avec vous, et vous tracer nette-
» ment et en quelques mots vos devoirs récipro-
» ques.

» Il en est un, le premier de tous, égal pour tous
» ceux qui portent le nom de Français, et qui nous
» commande au même titre l'abnégation absolue
» de nous-mêmes pour le salut de la Patrie.

» Nous n'y manquerons pas.

» C'est l'honneur qui l'inspire, c'est notre dignité
» qui l'exige.

» Ayons la foi qui soutient le courage, ayons la
» patience qui fait la force, ayons la discipline qui
» est la première des vertus militaires, ayons sur-
» tout l'amour respectueux et ardent de notre pays
» et nous triompherons.

» Pour pouvoir accomplir glorieusement la diffi-
» cile et honorable tâche que j'ai accomplie, j'ai
» besoin de votre concours et de votre con-
» fiance.

» Accordez-les moi : je saurai m'en rendre digne.
» Je m'y engage.

» J'aurai le dévouement et la sollicitude que vous
» avez le droit d'attendre de moi ; mais je serai
» implacable pour ceux qui, par leur conduite,
» pourraient me faire croire qu'ils oublient qu'ils
» sont Français.

» C'est dans notre patriotisme qu'est le triomphe
» définitif.

» Nous serons patriotes, nous serons soldats.
» Nous marcherons résolument ensemble, résignés
» s'il le faut, mais sans cesse unis dans une pensée
» commune : le salut et la gloire de notre bien
» aimée France.

» Nous n'oublierons pas que le drapeau sous
» lequel nous combattons est celui que nos pères,
» menacés comme nous par la Prusse, ont illustré
» à Valmy.

» Sauvons la nation, elle sera régénérée.

» Alors sera ouverte à tout jamais l'ère définitive
» de la liberté qui défend les droits, qui respecte
» les personnes et les propriétés, qui élève les
» esprits et qui fait les véritables citoyens.

» Alors, fiers de nos triomphes, plus que jamais
» nous crierons ensemble :
» Vive la France ! Vive la République !

> » *Le général de division commandant*
> » *le camp stratégique de La Rochelle,*
>
> » Léonce DÉTROYAT. »

Les baraquements du camp de La Rochelle furent spécialement construits à la hâte pour recevoir un effectif de 20,000 hommes.

Dès les premiers jours de décembre l'organisation des mobilisés dans les Deux-Sèvres était complètement achevée, ce qui valut au département des Deux-Sèvres d'être classé le troisième de France pour la défense.

Le 25 décembre, la 1re légion et le 4e bataillon de la 1re légion avaient été envoyés au camp de La Rochelle. En route, nos mobilisés séjournèrent à Aigrefeuille : c'était le jour de Noël. Ils avaient festoyé en l'honneur de la fête, et pendant les libations quelques bouteilles avaient été brisées. Le cabaretier leur dit « qu'il préférerait servir les Prussiens ». A cette grossière insulte, nos mobilisés maltraitèrent quelque peu le mobilier de ce cafetier irréfléchi. On exagéra beaucoup le fait en disant que les mobilisés des Deux-Sèvres s'étaient mutinés. La bagarre fut violente, il est vrai, mais promptement apaisée, grâce au sang froid et à l'énergie des officiers. Le lendemain les mobilisés arrivaient à Dompierre.

Quant aux trois bataillons de la 2e légion, le 1er

restait à Niort, le 2ᵉ à Saint-Maixent et le 3ᵉ à Coulonges.

Les trois bataillons de la 3ᵉ légion restaient sur
leurs emplacements à Thouars, Bressuire et Châtillon.

Nos trois légions équipées et armées, mises sur
le pied de guerre, étaient tout d'abord destinées à
aller sur la Loire rejoindre l'armée de Chanzy, mais
on reçut l'ordre de les envoyer dans la presqu'île
du Cotentin.

A la fin de janvier, les 1ʳᵉ et 2ᵉ légions furent
dirigées sur Saint-Nazaire où elles furent embar-
quées à destination de Cherbourg.

La 3ᵉ légion vint alors remplacer à Niort et à
Saint-Maixent les bataillons partis pour Cherbourg.

Les deux légions dirigées sur le Cotentin débarquèrent à Cherbourg et furent cantonnées dans les
bourgs environnants. On les employa à la construction de batteries. Lorsque l'armistice fut signé,
elles furent renvoyées dans leurs foyers sans avoir
eu l'occasion de recevoir le baptême du feu.

Entre-temps, par décret en date du 25 janvier
1871, le colonel Delavault, commandant supérieur,
était nommé général de brigade à titre auxiliaire.

Ce grade, pour lequel le colonel Delavault était
tout désigné par une vie militaire toute remplie de
modestie et de dévouement, récompensa surtout
le talent d'organisation et les qualités éminentes
qu'il avait mis en évidence dans son commandement de la garde nationale mobilisée. Il dit en
remerciant : « Je suis heureux de ma nomination,

pourvu que je reste à la tête des troupes que j'ai contribué à organiser. »

Le général Delavault avait eu la bonne fortune de mettre à la tête de chaque légion un officier supérieur en retraite avec le grade de lieutenant-colonel. Les bataillons étaient commandés par d'anciens officiers ou sous-officiers, les cadres inférieurs comptaient un grand nombre d'anciens serviteurs. Les cadres nommés à l'élection semblaient donc, au point de vue militaire, devoir présenter plus de garanties que les cadres jeunes et inexpérimentés de la mobile. Quant à la troupe, il est impossible de se prononcer sur la valeur et la résistance qu'elle aurait pu opposer à l'ennemi, puisqu'elle n'eut pas le temps d'être engagée et de prendre part au moindre combat.

Le premier ban des mobilisés fut seul mis sur le pied de guerre et envoyé dans les camps d'instruction. Une circulaire du Ministre adressée aux Préfets suspendit la révision des hommes mariés et veufs avec enfants composant les deuxième, troisième bans.

CHAPITRE XIV

Corps divers

Indépendamment de l'armée active, de la garde nationale mobile, des francs-tireurs, des gardes nationales sédentaires et mobilisées, plusieurs corps de moindre importance furent organisés dans le département des Deux-Sèvres pendant la durée de la guerre.

Nous avons déjà exposé que le Comité de Défense nationale avait, dès la fin de septembre 1870, décidé la création d'une légion mobile du génie destinée à exécuter les travaux nécessités pour la défense dans le département, sous la direction de M. Detzem, ingénieur en chef des Ponts et Chaussées.

De son côté, la municipalité avait adjoint à la garde nationale sédentaire une garde nationale à cheval qui prit le nom de Guides. Le service demandé aux Guides était le même que celui des gardes sédentaires étendu, en plus, à la banlieue et en outre ils pouvaient faire un service d'estafette.

A la fin d'octobre, M. Stol, lieutenant au 5ᵉ cuirassiers, était chargé par Gambetta, Ministre de la guerre, de former à Niort un escadron de 150 éclaireurs à cheval. Le capitaine commandant cet escadron fut le capitaine Souchon.

Nous avons vu que par décret du 3 novembre 1870 il était ordonné à chaque département de la République de mettre sur pied, dans le délai de deux mois, autant de batteries d'artillerie que la population comptait de fois 100,000 habitants.

Cette nouvelle et importante création qui était rattachée à la garde nationale mobilisée fut immédiatement mais inutilement entreprise au point de vue de la défense.

Le capitaine de vaisseau en retraite Gennet fut nommé colonel, commandant supérieur des batteries d'artillerie mobilisées des départements des Deux-Sèvres, de la Charente, de la Charente-Inférieure, de la Vienne et de la Haute-Vienne, dont le dépôt était à Rochefort.

DEUXIÈME PARTIE

CHAPITRE XIV

La Défense nationale dans les Deux-Sèvres

Emprunts divers. Vote de crédits pour subvenir à l'organisation des gardes nationales sédentaires et mobilisées et à titre de secours aux familles des soldats de terre et de mer.

Les nécessités de la guerre imposèrent aux communes des charges considérables. Non seulement, il fallut que les plus importantes pourvussent à l'habillement et à l'équipement de leurs gardes nationales, mais encore qu'elles subvinssent au moyen de fonds de secours aux besoins des familles privées de leur chef ou de leurs soutiens appelés sous les armes.

Le 12 septembre 1870, le Conseil municipal de Niort votait une somme de 200,000 fr. pour faire face aux éventualités de la Défense nationale.

Les 18 et 20 septembre, la ville de Parthenay votait un crédit de 5,000 fr. pour l'organisation de la garde nationale sédentaire, et 20,000 fr. afin de subvenir aux besoins des familles des enrôlés volontaires.

Les 18 septembre et 4 octobre la ville de Saint-Maixent votait un crédit de 12,000 fr. pour organiser la garde nationale et venir en aide aux familles des militaires gardes mobiles et gardes nationaux de la commune.

Melle, Bressuire, Thouars, votaient également des crédits importants dans le même but.

Bien que ces dépenses imprévues vinssent grever lourdement le budget des communes, le département des Deux-Sèvres, n'ayant pas été envahi, n'eut pas à subir les horreurs et les désastres de la guerre. Eloigné du théâtre des opérations, mais, cependant, assez rapproché pour rester constamment en communication directe avec nos corps d'armée, Niort devint un lieu de concentration, un centre d'approvisionnement, de ravitaillement et d'évacuation. L'industrie et le commerce, forcément entravés par la suppression de toute communication avec le Nord et l'Est de la France et surtout avec Paris, trouvèrent à occuper la main-d'œuvre en l'employant à fabriquer des effets d'habillement, d'équipement et de campement militaires, des affuts de canon, des caissons d'artillerie, etc., etc.

L'on peut dire que les sacrifices demandés aux communes eurent au moins une compensation dans la rémunération du travail, des objets et des denrées fournis pour les besoins de la défense.

D'ailleurs, il y a lieu de faire observer, ainsi que nous allons l'expliquer, que les dépenses d'habillement et d'équipement des gardes nationales mobilisées, tout d'abord prises à la charge des communes, furent remboursées par l'Etat.

Il est difficile, sinon impossible d'évaluer la surcharge que chaque département et en particulier le département des Deux-Sèvres eut à supporter du fait de la guerre. Les 5 à 600,000 fr. de dépenses exceptionnelles qu'occasionnèrent les évènements aux communes et aux citoyens, n'ont pu produire qu'une gêne momentanée.

Bien plus lourdes furent les surcharges budgétaires imposées à chaque citoyen afin de permettre à la France de faire face aux intérêts de la rançon payée à l'Allemagne et du capital nécessaire pour la réorganisation de notre armée, de notre matériel de guerre, de la construction de nouvelles forteresses et du paiement des indemnités de toutes sortes, soit aux Compagnies de chemins de fer, soit aux particuliers.

Le décret du 22 octobre 1870 avait mis à la charge des départements et des communes les frais d'organisation des gardes nationales mobilisées.

L'équipement, l'habillement et le campement furent fixés à 60 fr. On avait prévu trois mois de solde calculés à raison de 1 fr. 50 par jour et par homme soit 135 fr., ce qui établissait pour chaque homme et pour trois mois un total de 195 fr.

Le décret du 7 novembre 1870 stipulait en outre que l'armement serait mis à la charge des départements et des communes et fixa le contingent par homme à 20 fr., cette somme ajoutée aux 195 fr. formait une dépense totale de 215 fr.

Le nombre des mobilisés, d'après les listes fournies par les communes, était de 8,250 hommes. Le chiffre de 215 fr. par chaque homme multiplié par ce nombre occasionnait au département une dépense de 1,773,750 fr.

L'administration n'ayant eu le temps, ni les moyens de demander au département les ressources nécessaires, pensa qu'en face du patriotisme manifesté par les populations, et en présence des dangers qui nous menaçaient de toutes parts, il y avait lieu de s'adresser aux Conseils municipaux de chaque commune et de leur demander un dernier effort et un immense sacrifice en argent pour organiser les nouveaux contingents de troupes qui allaient s'opposer aux envahissements de l'ennemi.

Cet espoir ne fut pas déçu : 155 communes eurent recours à l'emprunt ; 152 s'imposèrent extraordinairement, 18 ont procédé à des virements de crédits ou à des prélèvements sur leurs revenus. Au 15 janvier 1871, il ne restait plus à recouvrer de ce contingent de 1,773,750 fr. que 169,973 fr. 51. A la fin de la guerre un reliquat de 3,000 fr. seulement restait à encaisser.

Cependant ces sacrifices ne devaient pas être les derniers. Outre l'impôt précité, un nouveau décret du 3 novembre 1870 ordonna que chacun des départements de la République était tenu de mettre sur pied, dans le délai de deux mois, autant de batteries de campagne que la population renfermait de fois 100,000 habitants.

Les Deux-Sèvres devaient, en vertu de ce décret, fournir trois batteries.

L'Etat mettait 20 millions à la disposition des départements les moins riches pour l'exécution de leurs batteries.

Immédiatement après parut un autre décret, à la date du 25 novembre, qui instituait la création de camps pour la concentration et l'instruction des gardes nationaux mobilisés. En vertu de l'article 2 de ce décret, un camp fut établi aux environs de

La Rochelle : il devait comprendre les départe-
ments de Maine-et-Loire, Indre-et-Loire, Vendée,
Deux-Sèvres, Vienne, Haute-Vienne, Charente,
Charente-Inférieure.

Suivant l'article 5 de ce décret, les frais devaient
être supportés par les départements intéressés et
répartis entre eux au prorata de leur population
respective.

L'administration des Deux-Sèvres ayant reconnu
l'impossibilité matérielle de créer de nouvelles
ressources en argent, demanda au Gouvernement
de la Défense nationale, à Tours, les fonds nécessaires sur le crédit de 20,000,000 (vingt millions)
ci-dessus mentionné pour la construction des batteries imposées par le décret du 3 novembre. Une
avance de 250,000 fr. fut faite pour cette dépense
au département des Deux-Sèvres.

L'administration départementale mit à profit ces
nouvelles ressources, et dans un bref délai, grâce à
l'activité des ouvriers de toutes parts qui prêtaient
leurs concours, elle eut la satisfaction de voir se
réaliser ce nouvel armement.

Le 3 janvier 1871, nous tentions un suprême
effort ; d'après un arrêté pris à cette date, on créait
à Rochefort un nouveau camp qui devait comprendre les départements des Deux-Sèvres, de la
Vienne, de la Haute-Vienne, de la Charente et de
la Charente-Inférieure.

Le département des Deux-Sèvres, dans tous ces
temps difficiles, a rempli ses obligations, il a large-
ment payé sa dette, car, dans toutes les armées organisées, il a fourni au moins 20,000 de ses enfants.

Les trois batteries d'artillerie avaient coûté 125,000 fr. Après la guerre, elles furent versées dans les arsenaux de l'Etat qui prit la dépense à sa charge. Le surplus du crédit de 250,000 fr., ouvert au département des Deux-Sèvres pour cet objet, fut annulé faute d'emploi.

La dépense du camp de La Rochelle s'était élevée à la somme de 2,500,000 fr. Dès le 24 janvier 1871, le Préfet de la Charente-Inférieure réclamait au département des Deux-Sèvres la somme de 134,185 fr. 75 pour sa part contributive dans la dépense.

Le 22 avril, le même Préfet réclamait encore au département des Deux-Sèvres une somme de 8,322 fr. 86 pour la part incombant à sa charge dans les dépenses du dépôt d'instruction d'artillerie de Rochefort.

Après un échange d'explications entre les administrations préfectorales de ces deux départements, il fut établi qu'il n'y avait pas lieu de demander au département des Deux-Sèvres une part contributive dans les dépenses faites en vue de l'organisation des camps de La Rochelle et de Rochefort, les mobilisés des Deux-Sèvres n'ayant jamais été admis dans leur enceinte puisqu'ils n'avaient jamais dépassé Aigrefeuille.

Enfin le 11 septembre 1871, la loi suivante, votée après une longue discussion à l'assemblée législative, régla définitivement cette question des dépenses en les mettant à la charge de l'Etat.

Art. 1er. Les décrets des 22 octobre, 3, 22, 25 novembre sur la garde nationale mobilisée sont et demeurent abrogés. Toutes les dépenses imposées aux départements et aux communes par la garde nationale mobilisée seront supportées par l'Etat.

Art. 2. Toutefois, celles de ces dépenses qui concernent les batteries d'artillerie et l'organisation des camps devront être préalablement vérifiées et arrêtées par la commission des marchés.

Art. 3. Les sommes payées par les départements, les communes et les particuliers pour la garde nationale mobilisée, leur seront remboursées en cinq annuités égales à partir de 1872 (1).

Une note très détaillée que nous devons à l'obligeance de M. F. Métayer, ancien entrepreneur de charpente et de menuiserie à Niort, mais que les limites forcément restreintes de cet ouvrage ne nous permettent pas de reproduire *in-extenso*, indique des pourparlers intéressants et des démarches actives auprès du Gouvernement de la Défense nationale en vue de la construction de batteries d'artillerie.

Dans le courant du mois de septembre, le 1er régiment du train des équipages vint établir ses cantonnements à Niort. Il était commandé par le colonel Piédalu. Cet officier supérieur, après s'être rendu compte des ressources de la région, suggéra à M. Métayer l'idée de proposer au Comité de défense la mise en construction d'affuts de canon et de caissons afin de concourir, dans la mesure du possible, au développement de nos ressources en matériel d'artillerie dont l'insuffisance à tous égards, maintes fois signalée, a été pendant cette malheu-

(1) Voir le rapport de M. Ganne, conseiller général de Secondigny au Conseil général des Deux-Sèvres. Séance du lundi 30 octobre 1871.

reuse guerre de 1870, l'une des causes principales de nos revers.

M. Métayer s'empara de cette idée, la communiqua à MM. Guérin, fondeur, et Deversogne, entrepreneur de charronnage, qui l'accueillirent avec enthousiasme. Ces trois chefs d'industrie entrevoyaient dans la réalisation de ce projet, la possibilité de procurer du travail à de nombreux ouvriers, tout en concourant d'une façon efficace à la défense nationale. Ils firent donc, dans cet ordre d'idées, des propositions aux membres du Comité de défense, lesquels, tout d'abord sceptiques sur la réussite d'une entreprise pour l'exécution de laquelle les exposants ne semblaient nullement préparés, et ne voulant pas d'autre part en prendre la responsabilité, leur donnèrent le conseil de s'adresser au Gouvernement de la Défense nationale siégeant alors à Tours.

MM. Métayer, Guérin et Deversogne se rendirent donc à Tours munis de lettres de recommandation du Comité de Défense de Niort et furent reçus par Gambetta, assisté de son secrétaire, M. Laurier. Gambetta approuva hautement leur projet, mais il les engagea, avant de se mettre à l'œuvre, de se rendre à Indret et de se mettre en rapport avec le colonel Reffie qui commandait à Nantes les ateliers de construction de matériel d'artillerie installés dans les usines Voruz.

Le colonel Reffie fournit les indications les plus complètes et les conseils les plus utiles aux trois entrepreneurs qui revinrent à Niort avec l'intention bien arrêtée de fabriquer en commun des chariots d'artillerie, des affûts, des caissons, etc.

Cependant, le Gouvernement ne donnait aucun ordre et le Comité de Défense semblait se désintéresser d'une question dans la solution de laquelle il n'avait qu'une médiocre confiance. Toutefois, sur les instances de M. Métayer, il consentit à délivrer une réquisition sur l'arsenal de La Rochelle afin d'obtenir, comme modèle, la remise d'un affût et d'un caisson.

C'est à ce moment que se place le décret du 3 novembre 1876 ordonnant que chacun des départements de la République serait tenu de mettre sur pied dans le délai de deux mois autant de batteries de campagne que la population renfermait de fois 100,000 habitants.

Le 5 décembre, le département mettait en adjudication une batterie d'artillerie en sept lots. MM. Métayer, Guérin, Deversogne furent déclarés adjudicataires.

Enfin, dès les premiers jours de février, comme la batterie d'artillerie était terminée et livrée à l'arsenal de Rochefort, M. Métayer, grâce à l'appui de M. Ricard, reçut du gouvernement de Bordeaux la commande de trois batteries, système Reffie.

La mise en œuvre occupa des ateliers dans un grand nombre de localités du département, puis l'armistice une fois signé, la désorganisation dans le travail s'ensuivit, les ouvriers trouvant à s'occuper dans leur spécialité, abandonnèrent les chantiers. Malgré des embarras, des difficultés d'exécution et des entraves de toute nature, la commande des trois batteries fut terminée sous la direction du capitaine d'artillerie Panou, délégué par la direction de Bourges et livrée au mois d'octobre 1871 à l'arsenal de Rochefort.

Dans la séance tenue le 30 octobre 1871 par le Conseil général des Deux-Sèvres, M. Ricard a rendu hommage à M. le colonel Piédalu pour l'avoir puissamment aidé dans l'organisation de la défense dans le département en ce qui concerne, particulièrement, la mise sur pied des batteries d'artillerie.

Du reste pour les batteries d'artillerie départementales, le département des Deux-Sèvres avait été exonéré de l'obligation de fournir des chevaux. M. Ricard avait fait prendre en considération au gouvernement de la Défense nationale les réquisitions exceptionnelles en chevaux dont le département avait été l'objet, et promesse lui avait été faite de prendre les chevaux des batteries départementales dans les dépôts de remonte.

CHAPITRE XVI

Comités et Sociétés de secours
Ambulances
Souscriptions diverses

Les batailles désastreuses, mais héroïques, livrées par l'armée française disputant pied à pied le sol de la patrie envahie, depuis Wissembourg jusqu'à Sedan, avaient mis hors de combat 60,000 hommes.

Les hôpitaux et les ambulances organisés à la hâte regorgeaient de blessés qu'il fallait à tout prix, afin de combattre le typhus menaçant, évacuer vers les centres éloignés du théâtre de la guerre.

Nulle part, rien de prévu, rien d'organisé : de même qu'on avait levé des armées en pleine invasion, on se mit en devoir d'organiser des ambulances, des Comités et des Sociétés de secours.

C'est alors qu'un élan de charité, manifestation touchante de solidarité humaine, éclata d'un bout à l'autre de la France et enfanta des prodiges de générosité et de désintéressement.

Ce furent d'abord les femmes françaises qui répondant à l'appel patriotique de MM^{mes} Crémieux, Fourichon et Thiers, organisèrent dans chaque département, dans chaque arrondissement, un Comité central de secours.

« Aux femmes françaises,

» Venez en aide à la Patrie ! Que toutes les Fran-
» çaises s'unissent en un sentiment de pieuse et
» patriotique charité ; nos jeunes mobiles, nos
» francs-tireurs, effroi de l'ennemi, manquent dans
» cette saison déjà rigoureuse des vêtements qui
» les mettent à l'abri. Nous nous adressons à toutes
» les femmes ; à vous d'abord femmes des Préfets,
» des Sous-Préfets, des Maires, de tous les fonc-
» tionnaires de la République, à vous de faire un
» chaleureux appel ; organisez des Comités dans
» chaque département, dans chaque arrondisse-
» ment, dans chaque commune.

» L'obole de la plus pauvre viendra concourir à
» la bonne œuvre ! Oui ! chaque femme apportera
» son offrande et son activité ; des couvertures de
» laine, des bas, des chemises de flanelle, tout ce
» qui peut garantir nos soldats, sera réuni par les
» soins de ces Comités. Que nos Françaises orga-
» nisent des ateliers ; une bonne chaussure est in-
» dispensable ; nous savons bien que nos cordon-
» niers ne demanderont que le prix de revient ;
» tous nos ouvriers, toutes nos ouvrières se feront
» un devoir d'apporter leur concours désintéressé
» au travail patriotique.

» Nos Françaises prouveront que leur dévoue-
» ment à notre chère Patrie égale le courage de ses
» vaillants défenseurs.

» Mmes A. CRÉMIEUX, A. FOURICHON,
» THIERS, membres du Comité central ;
» Mme E. CARTIER, secrétaire ».

Le Comité central de Niort fut composé de :
Mmes Ricard, Mahou, Orianne, Monnet, Petetin.

Les dons en argent et en nature furent reçus à
la Préfecture et à la Mairie. Des quêtes eurent lieu
dans les Eglises et au Temple de la ville.

Le Comité central des dames de Niort avait son
siège à la Préfecture et avisait aux moyens les plus
prompts de venir en aide à nos soldats en campagne par la confection ou l'achat de vêtements et de
couvertures.

Dans les autres arrondissements, des Comités
s'organisaient dans le même but.

Mme Barbault, femme du Président du Tribunal,
était nommée présidente du Comité de Bressuire ;
Mlle Vitalis, sœur du sous-préfet, de celui de
Melle ; Mme Grimault, femme du Président du Tribunal, du Comité de Parthenay.

Un travail considérable de préparation de linge
se faisait chaque jour dans ces Comités et dans les
Mairies. Des dames charitables et dévouées, les
communautés religieuses consacraient tous leurs
instants à cette œuvre, des envois considérables
de bandes de pansement et de charpie étaient expédiés au bureau central des hôpitaux militaires à
Paris.

Dès le mois d'août, le maire de Niort avait in-
formé le ministre de la guerre qu'il tenait à sa disposition environ 350 lits pour les blessés de nos
vaillantes armées.

Les offres patriotiques de cette nature arrivaient
de tous les points. L'hospice, le lycée, les frères
des écoles chrétiennes, les petites sœurs des pau-

vres et un grand nombre de particuliers priaient le maire d'offrir au ministre de la guerre tous les lits dont ils pouvaient disposer.

La loge maçonnique mettait à la disposition de l'Administration une ambulance composée de six lits, avec l'offre de se charger de tous les frais nécessités par les soins à donner aux blessés.

Par arrêté préfectoral du 24 septembre, la rentrée des classes dans les écoles primaires publiques de garçons qui avait été fixée au 1er octobre, était prorogée au 3 novembre, afin que les maisons d'école pussent être mises chaque jour à la disposition des services militaires et des ambulances.

Le 12 décembre, la garde nationale sédentaire décidait également de créer une ambulance.

Enfin, le 22 janvier, le Maire de Niort faisait un nouvel appel à la charité de ses concitoyens pour la création, hors ville, d'une annexe de l'hospice destinée aux maladies contagieuses.

Cette annexe fut organisée aux Fontenelles (commune de Souché), propriété mise gracieusement à la disposition de la municipalité par la congrégation de l'Immaculée-Conception.

Plus de 100 lits, spécialement réservés aux varioleux, y furent installés dans des conditions hygiéniques excellentes.

La relation que nous publions plus loin sur l'Hôpital-Hospice de Niort, en 1870-71, contient au sujet de l'organisation et de l'administration de nos ambulances de Niort et du nombre de malades et de blessés qui y furent soignés, les détails les plus circonstanciés.

Niort, chef-lieu du département, relié d'un côté à Paris et de l'autre à La Rochelle et Rochefort par des voies ferrées, était tout naturellement désigné, en raison de sa situation géographique, comme centre d'évacuation. C'est donc sur l'hôpital de Niort qu'étaient dirigés un grand nombre de blessés et de malades évacués par les ambulances du théâtre de la guerre. Parthenay et Melle, n'étant pas encore desservis par un chemin de fer, ne pouvaient mettre à la disposition de la Défense nationale les mêmes ressources. Cependant Bressuire avait organisé à la gare une ambulance provisoire et Saint-Maixent, au moyen d'une souscription de 5,000 fr. recueillie par les soins du maire, M. Goguet, avait créé une ambulance à l'ancien château de la ville dans les *salles dites du Palais*.

Indépendamment de la Société internationale de secours aux blessés dont les souscriptions étaient reçues au *Mémorial des Deux-Sèvres* et à la Ligue de l'enseignement, il se forma, à Niort, aussitôt la déclaration de guerre, un Comité de secours pour les blessés de nos armées de terre et de mer et leurs familles (1).

(1) La Société de secours aux blessés militaires a organisé à Niort six ambulances entièrement à sa charge, contenant ensemble 122 lits. Les admissions y ont été de 296 blessés ou malades.

Dans ses six succursales : Prahecq, Saint-Liguaire, la garde nationale de Niort, Melle, le Sacré-Cœur, l'Allier (à Mme de Brémond) renfermant 135 lits, 276 blessés ou malades ont été reçus.

A son ambulance de la gare, 10,000 blessés ou malades de passage ont reçu des secours en nourriture et pansement.

Le Comité était ainsi constitué :

MM. Clavel père, président ; Laforest, trésorier ; Guyot, secrétaire.

MM. A. Breuillac, Berr, Clerc-Lasalle, Hébert, Laporte, Léaud, Lechêne, J. Pellevoisin, Pougnet, Rallet, Ricard, Schmitt, membres du Comité.

Dans sa séance du 27 juillet, le Conseil municipal votait une somme de 3,000 fr. en faveur de cette œuvre.

Puis le 30 juillet, le maire ouvrit sous le nom de dons patriotiques une souscription au secrétariat de la mairie.

Guidés par un sentiment de bien louable générosité, les enfants des écoles primaires firent, spontanément, l'abandon de leurs prix pour en déposer la valeur au profit de cette souscription.

De son côté, la corporation des jardiniers renonçait à ses réjouissances annuelles de la Saint-Fiacre, et déposait le produit de sa collecte à la caisse des dons patriotiques.

Nous avons déjà parlé de l'œuvre des femmes françaises qui recueillait des dons en argent et en nature ; dans chaque commune, des souscriptions pour le même objet et dans le même but patriotique et humanitaire, eurent lieu soit pour les familles des soldats des armées de terre et de mer, soit pour les prisonniers en Allemagne et en Suisse, soit encore pour les familles ruinées par la guerre, etc... et le produit en fut centralisé au chef-lieu d'arrondissement ou du département, ou bien adressé directement à la Société internationale des secours aux blessés.

L'appel à la charité et au désintéressement trouvait sous des noms divers un écho dans tous les cœurs.

De tous les points du département, hommes, femmes et enfants, lycée, collèges, écoles mêmes, apportèrent à l'œuvre commune leurs contributions personnelles, soit en espèces, soit par dons en nature.

Il est difficile d'évaluer exactement les souscriptions en espèces qui furent versées à divers titres, car nous ne pouvons aujourd'hui que nous en rapporter aux renseignements consignés dans la presse locale ; quant aux dons en nature, linge, effets, couvertures, literie, etc. etc., l'on comprendra aisément que l'estimation en est impossible.

En ce qui concerne les dons en espèces, les documents que nous avons recueillis nous permettent d'établir que les souscriptions de l'arrondissement de Niort se sont élevées en chiffres ronds à 50.000ᶠ

Celles de l'arrondissement de Melle à   35.000

Celles de l'arrondissement de Bressuire à. 30.000

Celles de l'arrondissement de Parthenay à. 35.000

Total. 150.000

A ce chiffre déjà considérable de dons patriotiques et volontaires, il convient aussi d'ajouter les souscriptions suivantes :

1º En faveur des francs-tireurs des Deux-Sèvres 2.000ᶠ

2º En faveur de la légion franco-polo-
naise............................... 350

En même temps, par arrêté préfectoral en date
du 10 août, était créé à Niort un Comité départemental chargé de provoquer, centraliser et distri-
buer les dons patriotiques destinés aux blessés,
aux soldats en campagne et à leur famille.

Cet arrêté était suivi de la proclamation suivante :

« Aux habitants des Deux-Sèvres,

» Un Comité départemental vient d'être organisé
» par un arrêté de M. le Préfet en date du 10 août.
» Aussitôt constitué, il fait appel à tous les dé-
» vouements et il espère que tous les Comités déjà
» organisés voudront, en se mettant en rapport
» avec lui, coopérer à l'œuvre commune.

» La mission qui lui est confiée sera remplie
» avec la plus grande célérité, et dès à présent une
» somme importante est à sa disposition pour sou-
» lager les premières souffrances.

» MM. les Maires de toutes les communes du
» département voudront bien et aussi rapidement
» que possible aider aux efforts du Comité.

» Soyons tous unis dans un même sentiment de
» dévouement à la Patrie et que ceux qui ont l'insi-
» gne honneur de marcher à la frontière sachent
» bien qu'ils laissent derrière eux des cœurs dé-
» voués pour adopter et secourir leur famille.

» Niort, 12 août 1870. »

Le Gouvernement de la Défense nationale ali-
mentait la caisse du Comité départemental au

moyen de subventions mensuelles qui étaient grossies par les dons et souscriptions particulières recueillies par les membres du Comité.

Le dernier état de situation fourni par le Comité indique le mouvement des opérations au 1er mars 1871.

Situation au 1er mars 1871

Subventions	Dons et souscriptions	Total	Nombre de familles secourues	Quotité de secours Moyenne	Total général des dépenses	Sommes restant en caisse au 1er mars
60.000	11.749 45	71.749 45	1.401	16 366	68.509 50	3.239 95

Plus tard, se fonda à Paris sous le patronage de l'épiscopat français, l'*Œuvre nationale des orphelins et orphelines de la guerre 1870-1871.*

Grâce à la généreuse intervention de Mme la maréchale de Mac-Mahon et de quelques dames charitables, un Comité central de patronage fut créé à Versailles à la fin de l'année 1871, sous la présidence de Mme Thiers ; Mme la maréchale de Mac-Mahon en fut la vice-présidente et Mlle Dosne, la trésorière.

CHAPITRE XVII

L'hôpital-hospice de Niort en 1870-1871

La guerre qui a éclaté, en 1870, entre la France et l'Allemagne, devait, par voie de conséquence, faire ressentir ses effets lamentables jusque dans les établissements hospitaliers éloignés des malheureuses provinces qui lui ont servi de théâtre.

« Indépendamment des troupes régulières, en
» garnison ou de passage dans les départements
» non envahis, les corps de l'armée auxiliaire, en
» formation lors du désastre de Sedan, les régi-
» ments désorganisés par les combats successifs
» qu'ils avaient soutenus, enfin, les évacuations de
» malades et de blessés des armées en campagne
» ont amené dans les chefs-lieux de ces départe-
» ments une agglomération dangereuse non seule-
» ment pour la santé des soldats, mais aussi pour
» celle des habitants.

» Les maladies épidémiques, sinistre cortège du
» fléau de la guerre, ont, plus encore que les luttes
» du champ de bataille, encombré les ambulances
» et les hôpitaux.

. . . .

» Niort a eu sa large part dans l'accomplisse-
» ment de ce devoir d'humanité et de dévouement
» au pays.

. . . .

13

» Au milieu des douloureuses épreuves que su-
» bissait la France, la Commission administrative
» de l'hôpital-hospice de Niort prit l'initiative de
» demander à l'intendance générale un envoi de
» blessés des ambulances ou des hôpitaux déjà
» encombrés. Cette première évacuation sur Niort
» ne tarda pas à s'opérer, et bientôt d'autres con-
» vois, preuves désolantes de nos revers, ne lui
» succédèrent hélas que trop rapidement (1). »

Septembre. — « Nous sommes aux premiers jours
» de septembre ; la catastrophe de Sedan, le renver-
» sement de l'Empire et la proclamation de la Ré-
» publique à Paris, viennent de s'accomplir avec
» une effrayante rapidité (2).

» C'est au milieu de ces coups de foudre, qu'ar-
» riva à Niort un premier convoi de 46 blessés de
» l'armée du Rhin, évacués des hôpitaux d'Abbe-
» ville et de Saint-Omer. Les principales autorités
» de Niort, les administrateurs et les médecins de
» l'hôpital-hospice attendent, à la gare du chemin
» de fer d'Orléans, le train annoncé pour 8 heures
» du soir. Les habitants eux-mêmes se sont portés
» en foule au-devant de ces blessés, et les accueil-
» lent avec de vives sympathies..................

(1) Extrait de la brochure *Les pages douloureuses de la guerre*, par M. Prosper Casimir, juge au Tribunal civil, mem-bre de la Commission de l'hôpital-hospice de Niort (Typo. L. Favre, 1872).

(2) Nous avons préféré citer par extraits les faits rapportés dans la brochure de M. P. Casimir, au lieu de lui substituer un froid résumé qui aurait eu pour inconvénient de ne re-produire ni l'élégance du style, ni le sentiment patriotique, ni l'élévation de la pensée de son auteur.

» Le 8, le 14 et le 22 septembre, des régiments
» envoyés à Niort pour se reformer, fournissent à
» l'hôpital un nouveau contingent de malades et
» de blessés. Ce sont le 3e régiment de chasseurs,
» les 7e et 10e cuirassiers et le 1er régiment du train
» d'artillerie. On est obligé de loger partout ces
» troupes qui viennent s'ajouter aux mobiles du
» département. Bientôt, il n'y a plus de places chez
» les habitants. Le quartier de cavalerie, la nou-
» velle caserne de gendarmerie, encore inachevée,
» et le lycée, reçoivent cette affluence de soldats.
» Le 1er régiment du train d'artillerie établit un
» campement provisoire aux portes de Niort, près
» de la fontaine du Vivier. Là, hommes et chevaux
» bivaquent sur un terrain humide et malsain qui
» a contribué, peut-être, au développement des fiè-
» vres et de la dysenterie dont ce régiment a été
» atteint.

. . . .

» Dès le lendemain du départ des mobiles des
» Deux-Sèvres (pour Vierzon), les mobiles de La
» Corrèze viennent prendre leur place au milieu
» de nous.

» Les mobiles de la Corrèze venaient d'une con-
» trée où la variole sévissait encore ; beaucoup
» d'entre eux portaient sur le visage les traces de
» cette affreuse maladie. A peine arrivés à Niort,
» ils remplissent les salles de l'hôpital, et les cas
» de variole se multiplient rapidement dans la gar-
» nison et chez les habitants. Septembre se ter-
» mine sous cette influence pernicieuse et inquié-
» tante. »

Octobre. — « Un mois a suffi pour que le nom-
» bre des soldats malades et blessés de l'hôpital se
» soit déjà élevé à 326 ; pour donner une telle
» extension au quartier militaire, il a fallu envahir
» toutes les salles des malades civils (section des
» hommes).

» A partir du 10 octobre, des mobiles des Deux-
» Sèvres, blessés le 6, au combat de La Bourgonce,
» arrivèrent à Niort. Comme on le voit, nos mobiles
» n'avaient pas tardé à entrer en ligne contre l'en-
» nemi.

» Parmi les blessés, nous nous rappelons, par-
» ticulièrement, un mobile des environs de Chef-
» Boutonne qui avait eu le bras droit profondément
» sillonné et une partie des deux oreilles emportée
» par des balles (c'était bien là le baptême du feu).
» Ce brave garçon était le premier à rire de l'étrange
» physionomie que lui donnait la mutilation de ses
» oreilles. « Je suis jeune, — disait-il à ses cama-
» rades — j'espère bien qu'elles repousseront. »

. . . .

« Au milieu de ces tristes préoccupations, la
» variole étendait ses ravages ; la revaccination
» était le seul moyen de les conjurer. Le vaccin
» humain manquant, on eut recours au vaccin ani-
» mal. Dès les premiers jours d'octobre, plusieurs
» génisses des étables de l'hospice furent vaccinées
» et, le 17, on put commencer à opérer en grand,
» non seulement sur le personnel de l'hospice,
» mais encore sur les habitants de Niort et des en-
» virons qui se présentèrent à la ferme de l'établis-
» sement. Bientôt, même, on envoya des génisses

» à la mairie deux fois par semaine. Du 17 octobre
» au 8 janvier 1871, 24 génisses ont successivement
» servi à l'inoculation. »

. . . .

Novembre. — « Ce mois ne fut signalé par aucun
» arrivage important. Cependant l'hôpital reçut,
» les 16 et 21 novembre, 20 blessés des gardes
» mobiles des Deux-Sèvres, revenant de l'armée de
» la Loire, et, à la date des 14 et 23, 26 blessés de
» divers régiments (infanterie, chasseurs à pied,
» artillerie, hussards, turcos, régiments étran-
» gers).

» L'horizon avait semblé un instant s'éclaircir
» pour notre malheureux pays. La victoire de Coul-
» miers et la délivrance d'Orléans qui en fut le
» prix, avaient fait renaître l'espoir dans tous les
» cœurs ; mais déjà, malgré ces succès partiels, les
» conséquences de la capitulation de Metz, en per-
» mettant au prince Frédéric Charles de diriger ses
» forces sur la Loire, changeaient de nouveau, à la
» fin de novembre, la perspective des évènements.

» Le 28, eut lieu le combat de Beaune-la-Rolande
» où les mobiles des Deux-Sèvres se distinguèrent
» par leur courage et leur intrépidité.

» Les évacuations de décembre feront connaître
» combien cette bataille et les combats qui la sui-
» virent furent meurtriers pour nos soldats.

» A ce moment, l'administration de la guerre
» réclamait d'une manière pressante, par ses cir-
» culaires et l'initiative des Préfets et des inten-
» dants, de nouvelles places dans les hospices

» civils et dans les ambulances ouvertes par les
» Sociétés de secours et par les particuliers. »

. . . .

Décembre. — « En présence de la lutte suprême
» qui s'engageait contre l'invasion ennemie de plus
» en plus menaçante, l'administration hospitalière
» ne pouvait rester indifférente à l'appel qui lui
» était fait. D'une part, l'intérêt de l'établissement
» charitable confié à sa direction lui imposait le
» devoir de ne pas compromettre le patrimoine des
» pauvres de la commune ; et, d'autre part, elle
» avait l'obligation morale et elle éprouvait le juste
» désir de satisfaire, dans les limites du possible,
» aux besoins de la Défense nationale.

» La fin du quatrième trimestre de 1870 devait
» constituer l'hôpital en avance de plus de 100,000 fr.
» vis-à-vis de l'administration de la guerre, du dé-
» partement des Deux-Sèvres, et de ceux de la
» Seine et de la Vienne qui fournissaient à peu
» près un tiers des malades de son quartier d'alié-
» nés. La situation ne permettait pas d'obtenir
» promptement le paiement de cette dette.

» Où trouver, alors, les ressources nécessaires
» pour subvenir à de nouveaux frais de première
» installation et à l'approvisionnement d'une aug-
» mentation considérable de personnel ?

» La Commission administrative sentait tout le
» poids de cette question ; elle en délibéra à plu-
» sieurs reprises, et, malgré l'œuvre, hors de pro-
» portion avec ses ressources, déjà accomplie, elle
» résolut de faire tous ses efforts pour donner au

» service militaire une nouvelle extension de 200
» lits au moins.

» Après une rapide correspondance avec le
» Maire de Niort, M. Alfred Monnet, qui s'était
» transporté à Tours pour conférer à ce sujet avec
» l'intendance générale, la Commission accepta les
» bases d'un traité avec la guerre qui fut rédigé et
» signé le 5 décembre 1870.

» Ce traité porta, en substance, fixation du nombre
» minimum de malades et blessés militaires à 500
» et élévation du prix de la journée de 1 fr. 20 à
» 1 fr. 30 à partir du 1er décembre 1870. »

. . . .

« Mais il s'agissait de se procurer tout le mo-
» bilier nécessaire à une pareille entreprise. Les
» ressources en literie de l'hôpital et les achats
» faits en septembre et octobre avaient déjà leur
» emploi. Le linge manquait pour un tel accrois-
» sement de population. Les communications avec
» les principaux centres de fabrication de ces four-
» nitures étaient interceptées par l'investissement
» de Paris et le mouvement des armées. L'hôpital ne
» pouvait donc atteindre son but sans le concours
» des dons en nature de la charité privée.

» Dès le 5 décembre, date du traité avec l'inten-
» dance militaire, et aussi date fatale de la réoccu-
» pation d'Orléans par les troupes allemandes,
» M. le Maire avait fait publier un chaleureux appel
» aux habitants de Niort.

» Si, — disait cette proclamation — dans les dé-
» partements voisins on a cru devoir recourir, en
» semblable circonstance, à des réquisitions for-

» cées, à Niort, nos traditions charitables suffisent
» à assurer le succès de notre demande, qui s'a-
» dresse seulement à la bonne volonté des habi-
» tants, et aux sentiments d'humanité qui sont
» dans tous les cœurs.

» Que ceux qui sont en position de le faire, met-
» tent immédiatement de côté pour l'hospice, soit
» un matelas, soit une paillasse, des draps, des
» traversins ou des couvertures et ce à titre de
» don ou simplement de prêt, et d'ici à huit jours,
» la ville de Niort aura la satisfaction de pouvoir
» offrir 200 lits de plus aux victimes de la guerre
» nationale qui doit délivrer la Patrie.

» Lorsque des blessés ou des malades vont nous
» arriver, souvenons-nous que, la veille, ces pau-
» vres soldats étaient les compagnons de combat
» de nos concitoyens, de nos frères, de nos fils ;
» souvenons-nous qu'ils viennent comme eux d'en-
» durer toutes les rigueurs d'une saison pluvieuse
» et glaciale ; souvenons-nous, enfin, qu'ils ont
» partagé les luttes et les fatigues de ceux que nous
» aimons, ils ont droit aux soins et à l'hospitalité
» que nous désirerions pour les nôtres et que la
» France a le devoir d'assurer à tous ses enfants. »

Une note mise au bas de cette proclamation an-
nonçait qu'à dater du 7 décembre, des chariots
d'artillerie, accompagnés d'agents de l'administration, parcourrait successivement toutes les rues
de la ville.

Niort fit des prodiges de charité. En quelques
jours, les dons nombreux de la population, joints

aux achats que fit l'administration, mirent l'hôpital
en état de pourvoir à l'installation de 250 lits nouveaux. La Compagnie du chemin de fer d'Orléans
offrit à l'hôpital 10 lits en fer avec leur garniture.
M. le Maire de Niort fit don, au nom de la ville,
d'une boîte complète d'instruments de chirurgie.
On reçut en outre une petite quantité de denrées
et de comestibles et diverses sommes d'argent
s'élevant, au total, à 1,300 francs.

« Il était temps que ces préparatifs et ces appro-
» visionnements permissent d'étendre les services
» militaires, car, après la reprise d'Orléans par les
» armées allemandes, le flot des envahisseurs
» monta rapidement jusqu'au cœur de la France.
» Le 9 décembre, le gouvernement de Tours trans-
» portait en toute hâte son siège à Bordeaux. Tout
» espoir de jonction de l'armée de la Loire avec
» celle de Paris était perdu, et bientôt l'ennemi
» s'avançait jusqu'à Blois, Tours et Vendôme.

» Ce mouvement força les ambulances et les
» hôpitaux menacés de l'approche de l'ennemi à
» évacuer un nombre considérable de malades et
» de blessés.

» Dans le courant du mois de décembre, l'hôpi-
» tal de Niort reçut cent évacués, admis pour toute
» la durée de leur traitement.

» Les principaux arrivages eurent lieu les 2, 7,
» 17, 28 et 29 décembre. Mais ce n'étaient que les
» épaves de convois plus nombreux dirigés en
» masse vers l'ouest et le midi. La majeure partie
» de ces convois ne séjournait parfois qu'un ou

» deux jours à l'hôpital de Niort, et dès le lende-
» main il fallait s'occuper de leur évacuation.

» Nous ne citerons qu'un trait d'admirable cha-
» rité qui pourra faire juger de l'encombrement
» qu'a éprouvé à cette époque l'hôpital-hospice de
» Niort. C'était dans la nuit du 7 au 8 décembre.
» Il faisait un froid extrême, la terre était gelée et
» couverte de givre. L'hôpital ne pouvait fournir
» des lits à tous les soldats de l'énorme convoi qui
» venait d'arriver. On fut alors obligé de placer
» ceux qui étaient le moins souffrants, et qui de-
» vaient continuer leur route dès le lendemain,
» dans des salles bien chauffées, pour passer la
» nuit sur des sièges.

» A deux heures du matin, les administrateurs
» font une dernière tournée dans l'établissement.
» Quel est leur étonnement, en voyant que tous
» ces soldats sont parfaitement couchés et dor-
» ment déjà sur des lits improvisés, confortable-
» ment garnis de matelas et de couvertures. Les
» bonnes sœurs avaient donné leur propre literie
» pour procurer à ces voyageurs malades et fati-
» gués le repos dont ils avaient besoin. Les frères
» de l'asile avaient eu la même inspiration. »

1871, janvier. — « Des évacuations nombreuses
» et rapprochées furent encore faites directement
» sur l'hôpital de Niort pendant le mois de janvier.
» Elles s'élèvent à 791 malades et blessés.

» La deuxième armée de la Loire s'était refor-
» mée des débris de la première ; mais ces débris
» étaient dans un tel état d'épuisement, de dénû-

» ment et de démoralisation qu'il n'était plus pos-
» sible de s'illusionner sur le résultat de cette
» funeste campagne.

» Le pêle-mêle des évacuations de janvier, plus
» encore que les précédentes faisait pressentir le
» terme prochain et irrésistible de la guerre.

» Ces convois arrivaient presque toujours la
» nuit. On allait les chercher à la gare ; le préfet, le
» sous-intendant militaire, le maire, les adminis-
» trateurs de l'hôpital et les membres de la Société
» de secours aux blessés se faisaient un devoir
» d'assister à leur débarquement.

» Dans chaque convoi, un certain nombre de
» ces malheureux soldats qui voyageaient ainsi, la
» nuit par un froid des plus rigoureux, avaient déjà
» les symptômes déclarés et apparents de la va-
» riole ; d'autres arrivaient aussi presque mourants
» de fièvre, de dysenterie ou d'affections pulmo-
» naires avancées. Plusieurs reçurent les derniers
» secours de la religion sur le brancard qui ser-
» vait à les transférer de la gare à l'hôpital. Quel
» spectacle navrant ! Il nous souvient d'avoir vu
» des gardes-nationaux, de service à la gare, pleu-
» rer en portant un jeune mobile agonisant qu'on
» eut à peine le temps de déposer sur son lit de
» mort. »

Les arrivées des malades ou des blessés inces-
samment dirigés sur l'hôpital occasionnaient à la
Commission administrative des embarras auxquels
il y avait urgence à remédier. Les entrées conti-
nuelles suivies d'évacuations nombreuses et jour-

nalières étaient une cause de désordre dans l'établissement et troublaient constamment le sommeil
et le repos si nécessaires aux malades.

L'administration de l'hôpital-hospice exposa cette
pénible situation au sous-intendant militaire en le
priant d'y apporter les modifications et les amélio-
rations qu'elle lui semblait comporter, au moyen
d'un triage, en dehors de l'hôpital, des évacués vers
d'autres points.

A la suite de cette demande, des dispositions
meilleures furent adoptées, et l'ambulance provisoire établie à la gare, sous la direction de la Société
de secours aux blessés, procura un grand soulage-
ment aux établissements hospitaliers.

« L'armée du général d'Aurelle de Paladines
» avait déjà donné un certain contingent de vario-
» leux à l'hôpital de Niort.

» L'épidémie continua ses ravages, en décembre
» et en janvier, non seulement à Niort, mais en-
» core à l'armée de la Loire passée sous le com-
» mandement du général Chanzy, et elle fournit
» un surcroît d'encombrement aux salles de l'hô-
» pital de Niort réservées aux malades de cette
» catégorie. Au milieu de janvier, l'hôpital eut en
» même temps jusqu'à 104 varioleux.

» Cet état de choses qui menaçait d'empirer,
» nécessita l'établissement, en dehors de la ville,
» d'une ambulance spéciale pour les varioleux et
» au besoin pour les autres genres de malades
» dont l'agglomération pouvait être dangereuse
» dans un centre populeux. »

C'est alors que fut organisée, par les soins et sous l'administration de la commission de l'hôpital-hospice, l'ambulance provisoire *des Fontenelles*, propriété appartenant à la congrégation de l'Immaculée conception.

Cette congrégation eut la généreuse pensée de consacrer les Fontenelles à éloigner les militaires atteints de maladies épidémiques et contagieuses. Elle mit donc, gratuitement, ce local à la disposition de M. le Maire de Niort, pour qu'il y fît installer le service des varioleux.

L'habitation des Fontenelles était d'autant mieux choisie pour servir de succursale à l'hospice que la commune de Souché, où elle est située, était administrée par M. le docteur de Meschinet, l'un des médecins de l'établissement.

M. de Meschinet fut placé à la tête du service médical des Fontenelles et suppléé, dans celui qu'il remplissait à l'hôpital, par M. le docteur Chebrou.

Le dimanche 22 janvier, l'ambulance des Fontenelles étant complètement organisée, les premiers malades y furent admis. Chaque jour, l'omnibus de l'établissement faisait deux ou trois tournées dans la ville, aux casernes, aux ambulances, chez les habitants, prenant, pour les conduire aux Fontenelles, les soldats atteints par la contagion.

« Ce furent de bien tristes temps : la mortalité
» augmenta dans des proportions très sensibles
» que l'esprit inquiet de la population exagéra sans
» mesure ; le char funèbre se croisait fréquem-

» ment avec les brancards qui transportaient les
» malades et le vieil omnibus de l'hôpital qu'on
» n'appelait plus en ville que la *picotière*. »

. . . .

Février. — Le 28 janvier, l'armistice était conclu.
La France, épuisée, meurtrie, le cœur ulcéré,
attendait le verdict de son ennemi.

« Mais les maux que la guerre a engendrés ne
» cessent pas avec elle ; les blessures qu'elle a
» faites ne se cicatrisent pas en un jour. Pendant le
» mois de février, l'hôpital demeura rempli de
» malades et de blessés militaires, et reçut encore
» 84 évacués. L'annexe des Fontenelles atteignit le
» chiffre de 90 malades. »

Mars. — Ce mois fut marqué par la ratification
du traité de paix de Versailles. Le rapatriement
des prisonniers, convenu entre la France et la
Prusse, fit sortir de l'hôpital quelques prisonniers
prussiens. Ils étaient au nombre de 8, la plupart
Hanovriens ; 4 moururent, les autres quittèrent
l'hôpital, le 15 mars, en témoignant leur reconnaissance des bons soins et des bons procédés dont
ils avaient été l'objet.

Avril. — L'ambulance des Fontenelles cessa de
fonctionner à la fin de ce mois. Du 22 janvier au 1er
mai 1871, 191 malades furent traités aux Fontenelles. Sur ce nombre, il y eut 48 décès.

» Les maladies épidémiques avaient presque

» entièrement disparu avec la mauvaise saison. La
» ville de Niort était allégée du mouvement mili-
» taire qui s'y était opéré pendant huit mois des
» années 1870 et 1871 ; les évacuations sur l'hôpi-
» tal eussent été finies, si la France n'eût été frap-
» pée de nouveaux malheurs. »

Pendant et après le second siège de la capitale
fait par l'armée française contre la Commune, l'hôpital de Niort reçut de Versailles et de Saint-Cyr
237 soldats de l'armée de l'ordre malades ou
blessés.

Ce n'est donc qu'au mois de septembre 1871 que
les services de l'hôpital de Niort purent reprendre
leur vie normale.

Du 1er septembre 1870 au 31 décembre 1871
4,554 malades et blessés militaires ont été soignés
tant à l'hôpital de Niort qu'à la succursale des
Fontenelles.

Sur ce nombre, il y a eu 421 décès, soit un peu
moins d'un dixième.

Tel est le bilan de cette laborieuse campagne de
philanthropie et de charité qui a suivi les phases
de cette malheureuse guerre.

« Circonstance remarquable ! Aucune des sœurs,
» même celles qui vivaient dans ce lieu délétère,
» qui étaient constamment au chevet des varioleux,
» aucune des 48 sœurs de l'établissement n'a été
» atteinte par la contagion. Les sœurs des Fonte-
» nelles furent également épargnées. »

Quant à la mortalité qui a frappé les malades et

les blessés envoyés du théâtre de la guerre à l'hôpital de Niort, elle est due à des causes qui se sont
manifestées partout. Ces jeunes soldats, exténués
par les fatigues, le froid, les blessures, la maladie
succombaient à des influences fatalement mor-
telles. L'art le plus consommé, les soins les
mieux entendus ne pouvaient ranimer ces hommes
abattus physiquement et moralement qui n'offraient
plus d'éléments de résistance et qui, en un mot,
faisaient bon marché de la vie.

Après avoir retracé les faits qui se sont déroulés
à l'hôpital de Niort pendant cette ère funeste de la
guerre, il nous reste un devoir de gratitude à remplir envers le personnel médical, administratif et
hospitalier de cet établissement.

Le zèle infatigable déployé dans les circonstances
douloureuses que nous venons de rappeler, par les
docteurs Fontant, Gauné, de Meschinet, Tonnet,
Eymer et Chebrou fut au-dessus de tout éloge.

Toutes les opérations furent faites par le docteur
Fontant, chirurgien en chef, assisté de ses collègues.

M. Limouzain, pharmacien en chef, dirigeait avec
le plus grand soin et la plus grande vigilance les
sœurs chargées du service de la pharmacie.

M. Potel et M. Maxime Tonnet, étudiants en
médecine, utilisèrent leurs services avec un dévouement et une assiduité des plus louables, le premier
à l'ambulance des Fontenelles, le second à l'hôpital
et dans plusieurs ambulances de la ville.

Nous devons aussi rendre justice aux éminents
services de M. Alfred Monnet, maire de Niort et

Président de la commission hospitalière, au concours de lumières, d'expérience et de dévouement que MM. Alphonse Frappier, Henri Giraud, Demay et Potier, administrateurs, ont apporté à la tâche commune de solidarité et d'assistance.

Les fonctionnaires de l'administration, MM. Gandouet et Nocquet, receveur et économe de l'hôpital, Ravant, délégué à la gestion de l'ambulance des Fontenelles ont, par un travail incessant de jour et de nuit, compliqué de détails, secondé sans relâche les efforts de la commission administrative.

Les sœurs hospitalières, les aumôniers attachés à l'hôpital et au service pénible des ambulances s'acquittèrent de leur mission avec le même désintéressement et le même courage.

« Rendons aussi à la charité privée l'hommage
» qui lui est dû ; elle a grandi avec les épreuves et
» les besoins de la Patrie. On a vu les Sociétés de
» secours aux blessés envoyer sur les champs de
» bataille de nouveaux croisés qui disputaient à la
» mort les victimes tombées dans la lutte et pro-
» diguaient leurs dons et leurs soins aux malades
» et aux blessés. Partout, des ambulances particu-
» lières ont été créées et administrées par des
» citoyens dévoués. Dans cet élan généreux, la
» ville de Niort n'est pas restée en arrière des au-
» tres cités : des ambulances provisoires y ont été
» rapidement et confortablement organisées ; les
» médecins leur ont apporté la plus active coopé-
» ration avec un noble désintéressement. »

_____

CONCLUSION

Les grands malheurs qui frappent la Patrie ont toujours réveillé dans le cœur de ses enfants des sentiments innés d'altruisme que la sécurité émousse jusqu'à les annihiler à la longue, mais que le danger commun fait pour ainsi dire renaître de leur atonie. Nous trouvons dans notre histoire de nombreux exemples de cette solidarité humaine, touchante image de la fraternité.

En 1793, un décret du 23 août portait que : « Dès » ce moment jusqu'à celui où les ennemis auront » été chassés du territoire de la République, tous » les Français seront en réquisition permanente » pour le service des armées. Les jeunes gens » iront au combat, les hommes mariés forgeront » des armes et transporteront des subsistances ; » les femmes feront des tentes, des habits et ser- » viront dans les hôpitaux, les enfants mettront le » vieux linge en charpie, les vieillards se feront » porter sur les places publiques pour exciter le » courage des guerriers, prêcher la haine des » rois, et l'amour de la République. »

En 1870, ne voyons-nous pas le même élan patriotique ? Aussi bien, après avoir retracé le courage de nos soldats, la valeur de leurs chefs, les souffrances et les privations qu'ils endurèrent et que tout conspirait à accroître, il nous restait un dernier devoir à accomplir. Notre œuvre n'eût pas été complète, elle n'aurait pas rempli le but que

nous avons poursuivi et que nous cherchons à
atteindre, si nous avions omis de rappeler les dé-
voucments qui se firent jour et apportèrent sans
compter leur concours généreux à la Défense
nationale.

A côté des combattants, de braves et zèlés
citoyens ont, dans l'organisation de la Défense,
lutté pied à pied contre l'invasion. La liste en serait
longue et particulièrement émouvante de ces
maires de villes et de villages des pays envahis qui
exposèrent leur vie en opposant une courageuse
résistance à l'ennemi! D'autres succombèrent à la
tâche en soignant les blessés, les malades. D'autres, enfin, mirent au service de la Patrie toute
leur activité, toute leur énergie en levant des soldats pour la guerre à outrance.

Ce sont ces citoyens animés du plus ardent
patriotisme que nous avions à cœur et pour devoir
de glorifier afin de tenir toujours excité dans les
âmes de nos jeunes compatriotes, citoyens et soldats de l'avenir, le sentiment du devoir et de
l'honneur et de donner ainsi aux générations futu-
res par l'exemple de leurs devancières une leçon
toujours parlante de patriotisme et de courage.

Et à cette jeunesse, à laquelle nous dédions ce
livre, nous ne saurions mieux dire qu'en citant ce
passage d'un discours prononcé récemment par
l'un de nos hommes politiques (1) :

« Il n'y a pas de nation vigoureuse et résistante

(1) Discours de M. Poincaré au banquet de la Fédération
nationale des commerçants et détaillants de France, le 27
juin 1907, à Paris.

» sans esprit de dévouement, d'abnégation, de
» sacrifice. Parlons un peu moins de nos droits ;
» parlóns un peu plus de nos devoirs, et unissons
» nos efforts pour entretenir et, s'il le faut, pour
» ranimer dans notre pays inquiet, la conscience
» de son unité indivisible, le sentiment hérédi-
» taire de ses destinées, le respect religieux de
» l'idée nationale. »

Dans cet ordre d'idées, nous tenons à mettre
sous les yeux de nos lecteurs un fragment du remarquable discours sur la Patrie prononcé par
M. Lavisse, membre de l'Académie française, à la
distribution des prix aux écoles primaires de Nou-
vion-en-Thiérache, au mois d'août 1906 :

. . . .

Les patries doivent se considérer comme des œuvres
de l'humanité, laquelle est en chacune d'elles, avec sa
diversité naturelle, car la nature veut que l'humanité
soit diverse. Elle ne permettra jamais que tous les fils
des hommes se ressemblent ; heureusement, car cette
ressemblance serait une insupportable laideur. La nature est une harmonie ; l'humanité en est une aussi :
chacune des patries qu'elle a créées, sur des terres, sous
des ciels différents, dans des circonstances diverses, a
ses aptitudes propres, son caractère, son génie, et chacune concourt à la beauté de l'ensemble. *Servir sa patrie, c'est servir l'humanité au poste où la naissance nous
a mis.*

Si c'est ainsi que vous comprenez la patrie, mes enfants, vous respecterez les patries des autres. Vous ne
voudrez pas qu'on leur fasse ce que vous ne voudriez
pas que l'on vous fît à vous-même. En vous achèvera de
mourir l'esprit de domination, de violence et de haine.
Il n'est pas nécessaire de haïr l'étranger et de le vouloir
subjuguer pour aimer sa patrie.

Quant à votre patrie, vous l'aimerez autrement, mais tout autant et même plus qu'en leurs siècles ne l'aimèrent les ancêtres.

Vous l'aimerez d'instinct et vous l'aimerez aussi par raisonnement.

Un naturel instinct, sans nous assujettir aux idées et aux mœurs des ancêtres, sans nous condamner à la servile obligation de répéter indéfiniment leurs gestes, nous rattache à eux par une piété, nous donne le sentiment de la continuité, et avec le charme des longs souvenirs, la force et la quiétude qui, de la racine profonde, montent avec la sève perpétuelle.

Mais il nous est difficile, à nous Français, de suivre le pur instinct. Nous sommes semblables aux enfants qui veulent savoir ce qu'il y a dans les tambours qui fait ce grand bruit. C'est pourquoi nous crevâmes tant de tambours, derrière lesquels d'autres peuples, qui les ont conservés, continuent de marcher au pas cadencé.

Eh bien, si vous voulez raisonner, je le veux aussi.

Je suppose donc que vous me disiez : « C'est le hasard qui m'a fait venir au monde en France. J'aurais pu tout aussi bien naître en Angleterre, en Allemagne ou en Russie. Je n'admets pas que toute ma vie soit liée par l'opération d'un greffier qui écrivit sur un registre, au jour de ma naissance, mon nom que je ne savais pas et dont je ne me souciais guère. Avant tout, je suis né homme. Je ne veux appartenir qu'à l'humanité. C'est elle que je veux servir. »

Je vous répondrai :

L'humanité, cela n'existe pas encore ; c'est une grande et belle idée, ce n'est pas une chose, Il faut bien que vous ayez un lieu déterminé pour agir. Je vous défie de servir l'humanité autrement que par l'intermédiaire d'une patrie. Cherchez donc parmi les patries celle qui fait le moins souffrir l'humanité.

Quelle accusation d'inhumanité monte vers la France ? Par qui est-elle maudite ? Est-ce nous qui avons une Irlande, un Slesvig, une Finlande, une Pologne ? Est-ce nous qui retenons par la force dans notre communauté des hommes qui refusent leurs âmes ? N'est-ce pas nous, au contraire, qui avons un jour rêvé l'affranchissement des peuples, et les idées de la Révolution, n'ont-elles pas eu cette fortune que même les violences de la période impériale les ont implantées dans les plus inextricables fouillis des despotismes du passé? La fière et grande Allemagne d'aujourd'hui est-elle bien sûre que, si elle n'avait pas été éclairée, remuée, secouée, malmenée par nous, si nous n'avions pas fait 1789 et 1848, elle n'aurait pas continué, tout en sondant les problèmes de la philosophie, à s'incliner, avec la profondeur qu'elle donne à ses respects, devant un tas de principicules?

De plus, l'histoire vous apprend qu'un peuple a mêlé son sang à celui des peuples qui ont voulu naître depuis un siècle et demi. C'est celui qui a fait la guerre d'Amérique pour l'indépendance des Etats-Unis, l'expédition de Morée pour l'indépendance de la Grèce, le siège d'Anvers pour l'indépendance de la Belgique, la guerre de Lombardie pour l'indépendance de l'Italie. Ce peuple, c'est nous.

D'autre part, chez nous, ne travaillons-nous pas à libérer l'humanité des disciplines qu'elle se donna au temps qu'elle était jeune : plus de droit divin, de monarchie, de caste, de hiérarchies héréditaires, plus d'Eglise pourvue de force coercitive. Rien ne s'interpose entre notre raison et notre volonté d'établir la justice.

Enfin de son humanité au dehors et au dedans, la France a beaucoup souffert. Elle souffre encore. Il aurait mieux valu pour elle que les nations voisines demeurassent humbles et divisées contre elles-mêmes. Elle serait plus tranquille, si elle avait gardé toutes les sortes de l'obéissance, car l'obéissance est un oreiller propice au bon sommeil. Si donc il est vrai que, mue par une irrésistible force intérieure, elle a fait les affaires des autres mieux que les siennes, si des patriotes le lui reprochent, ceux-là au moins ne doivent-ils pas lui en savoir gré, qui refusent d'enfermer entre des frontières leurs âmes éprises de justice et d'humanité?

Mes amis, jouissez en toute sécurité du droit d'aimer, du droit de préférer la France, puisque la raison même démontre que votre instinct, qui vous porte à l'aimer et à la préférer, ne vous trompe point, puisque la servir est le plus efficace moyen de servir le genre humain.

A présent, pour terminer ce long et grave discours, faisons ensemble des souhaits — j'allais dire, prions ensemble :

Que la France demeure forte parmi les nations ;

Qu'elle soit forte par sa justice ;

Que par sa justice, elle détruise en elle toutes les injustices qui ne sont pas fatales, et qu'elle adoucisse les autres ; que ses lois démocratiques élèvent à la fin tous les Français jusqu'à la dignité d'hommes, où un si grand nombre d'entre nous ne sont point parvenus encore ;

Qu'elle soit forte par la liberté ;

Que la République persévère, inflexible, à retirer toute autorité publique, aux puissances du passé, mais que, par elle, aucune conscience ne soit offensée dans sa foi religieuse, car l'expérience a démontré que ces offenses font souffrir cruellement ;

Que, par l'effet de la justice et de la liberté, la patrie soit le bien de tous, aucun Français ne se sentant dédaigné, aucun Français ne se sentant meurtri ;

Que la République soit forte par les armes, car si elle laissait tomber son armure, elle n'aurait pas de mérite à prêcher la paix dont elle aurait un besoin trop manifeste, et les peuples lui répondraient ce que répondirent un jour les renards au discours du renard qui s'était laissé prendre à un piège ;

Qu'en attendant le jour, dont nous ne pouvons même imaginer la date, où les peuples mettront en un faisceau tous les étendards, et après avoir salué une dernière fois ces vénérés symboles, les brûleront en feu de joie, le drapeau de la France flotte haut dans le ciel, car il ne porte pas de monogramme ni d'écusson, ni de bête héraldique ; il n'appartient ni à un homme, ni à une maison ; il appartient à un peuple libre, respectueux de la liberté d'autrui, et voulant cette liberté, et s'il s'affaissait, on verrait s'allonger sur la terre l'ombre des aigles bicéphales ;

Que notre frontière de l'Est soit non provocante, mais résistante ; qu'il n'y manque pas un homme, pas une cartouche, afin que personne, de ce côté, ni de l'autre côté de la frontière, ne craigne ou ne croie qu'il suffise, pour la franchir de le vouloir ; afin que personne n'ose nous proposer de nous prendre à sa remorque, nous dont la destinée est d'être une avant-garde glorieuse et aventurée ;

Que les Français demeurent avant-garde, fiers de l'honneur, mais aussi conscients du péril, et par ce double sentiment, indissolublement unis, qu'ils conduisent la marche difficile vers la paix lointaine que nous donnera la future sagesse internationale !

ANNEXES

Combattants des Deux-Sèvres morts au champ d'hon-
neur pour la Patrie, des suites de leurs blessures
ou de maladies contractées pendant la guerre.

M. Gabriel Hanotaux, dans son Histoire contemporaine, après avoir établi que le bilan général de la guerre
et de la commune se soldait pour le pays par une charge
de 15 milliards 592,468,140 fr., s'exprime en ces termes
au sujet des pertes en hommes :

« Il est un autre compte, non moins lourd que les
» précédents et qu'il serait non moins difficile de dresser
» exactement : c'est celui des victimes de la guerre et de
» la perte en hommes éprouvée par la France.

» Les rapports du service de santé de l'armée, n'ont
» pas été fournis pour les années 1870 et 1871. Il faut
» donc s'en tenir à certaines évaluations de détail. C'est
» ainsi qu'on estime le nombre des tués à Wissembourg
» à 230 pour mille pour la division Douai, c'est-à-dire à
» près d'un quart. A Wœrth, les pertes furent de plus
» d'un cinquième. A Metz, sur un effectif de moins de
» 168 mille hommes, avant la capitulation, on avait
» perdu 25 généraux, 2,099 officiers et 40,339 hommes :
» au total 42,436 décédés, c'est-à-dire plus d'un quart
» de l'effectif...

» ...Pendant toute la durée de la guerre, d'après un
» calcul certainement de beaucoup inférieur à la réalité,
» il y aurait eu 139,000 morts et 143,000 blessés dans les
» armées françaises. On évalue en outre à 339,421 le
» nombre des hommes entrés dans les hôpitaux pour
» maladies diverses. »

Pour les Deux-Sèvres, d'après le relevé des états de

décès qui nous ont été communiqués par la Préfecture, nous trouvons un total de 1,460 combattants décédés pendant la guerre franco-allemande. Ce total qui représente dix pour cent environ des hommes incorporés (armée active, mobile, mobilisés) et douze pour cent des combattants (armée active, mobile et francs-tireurs) ; correspond au chiffre établi par M. Hanotaux qui indique un rapport de 10 0/0 entre le total de 1 million 400,000 combattants mis sur pied et celui de 139,000 morts.

Nous renvoyons aux tableaux ci-après annexés pour le dénombrement de ces pertes dans chaque corps de troupe.

Nous voudrions pouvoir publier les noms de tous nos compatriotes qui succombèrent dans cette malheureuse guerre en accomplissant leur devoir de défenseurs de la Patrie, mais les recherches minutieuses auxquelles nous nous sommes livrés ne nous ont permis de relever que la liste fort incomplète des officiers et des sous-officiers dont les noms suivent :

Officiers

MM. BARBAULT, Félix, capitaine au 6ᵉ de ligne, tué à Saint-Privat.

BAUDOUIN, Théodore, sous-lieutenant au 3ᵉ bataillon du 43ᵉ de ligne, mort à la bataille d'Amanvilliers.

BÉGUIER, Pierre, lieutenant au 73ᵉ de ligne, tué à Saint-Privat.

BELOT, Edouard, lieutenant au 34ᵉ provisoire de marche (mobile des Deux-Sèvres), tué à La Bourgonce.

BONNET, Firmin, sous-lieutenant au 34ᵉ provisoire de marche, mort à Dôle.

FESTY, Edouard, aide-major au 4ᵉ bataillon du 34ᵉ provisoire, tué à La Fourche.

DE GAULLIER, Raoul, capitaine au 34ᵉ provisoire, tué à Beaune-la-Rolande.

GUITTON, Antoine, capitaine au 34ᵉ provisoire, tué à Beaune-la-Rolande.

JOUSSEAUME, Edmond, capitaine au 94ᵉ de ligne.

MM. De Liniers, Marie-Jean, lieutenant-colonel au
3e régiment de chasseurs d'Afrique, tué à Sedan.

Le Bedel, Ernest, lieutenant au 34e régiment provisoire, blessé à la Bourgonce, mort à Raon-l'Etape.

Mainson, Louis-Amédée, capitaine au 120e, tué à
Champigny.

Moreau, Emile, aide-major au 3e bataillon du 34e
provisoire, tué à La Bourgonce.

Piet-Lataudrie, lieutenant d'infant., mort à Metz.

De Suarez-d'Aulan, sous-lieutenant au 4e régiment de dragons de marche, tué à Patay.

Thoreau-Lasalle, Pierre-Henri, sous-lieutenant
au 9e dragons, évadé de Metz, mort des suites de
ses blessures.

Vergnon, capitaine d'infanterie, tué à Gravelotte.

Sous-Officiers

MM. Audouard, Auguste, sergent au 34e provisoire, tué
à La Bourgonce.

Barillot, Pierre, sergent au 77e de ligne.

Babin, Pierre, sergent au 34e provisoire.

Beaud, Louis, sergent-fourrier au 21e de ligne.

Berthouin, Frédéric, sergent au 6e bataillon des
chasseurs à pied.

Blancheteau, Alcibiade, sergent des mobilisés.

Bodin, Alexandre, sergent-major au 34e provisoire,
tué à La Bourgonce.

Fillion, sergent au 4e bataillon du 34e provisoire,
tué à la Fourche.

Gagnaire, François, maréchal des logis au 7e d'artillerie.

Guignard de Germond, sergent au 46e.

Lemaire, Constant, sergent au 34e provisoire, tué à
Beaune-la-Rolande.

Mainson, André, sergent au 115e.

Morin, Jean-Louis, maréchal des logis au 2e chasseurs à cheval.

Simon, Pierre, sergent au 34e provisoire, tué à
La Fourche.

ÉTAT NUMÉRIQUE PAR CORPS DE TROUPE

des soldats et des officiers du département des Deux-Sèvres
tués à l'ennemi, morts des suites de leurs blessures ou de
maladie pendant la guerre franco-allemande 1870-1871.

ARRONDISSEMENT DE NIORT

CORPS DE TROUPE	Niort	Beauvoir	Champdeniers	Coulonges	Frontenay	Mauzé	Saint-Maixent	Prahecq	Officiers	Totaux
Infanterie	37	11	12	31	7	11	22	7	1	139
Cavalerie	1	»	»	3	1	1	»	»	1	7
Artillerie	2	»	»	»	3	2	3	3	»	13
Train	»	»	»	1	»	»	»	»	»	1
Mobiles	64	14	7	32	17	14	25	11	5	189
Mobilisés	24	10	15	9	8	8	8	3	»	85
Francs-tireurs	»	»	»	1	»	»	1	»	»	2
Eclaireurs	1	1	»	»	»	»	»	1	»	3
	129	36	34	77	36	36	59	25	7	439

ARRONDISSEMENT DE MELLE

CORPS DE TROUPE	Brioux	Celles	Chef-Boutonne	Lezay	Melle	La Mothe	Sauzé-Vaussais	Officiers	Totaux
Infanterie	11	15	11	21	25	13	18	3	117
Cavalerie	2	2	»	»	1	»	»	1	6
Artillerie	1	3	»	2	2	1	»	»	9
Train	»	»	»	»	»	»	1	»	1
Mobiles	16	20	11	22	12	4	15	»	100
Mobilisés	5	6	13	5	9	5	9	»	52
Francs-tireurs	»	»	»	»	»	»	»	»	»
Eclaireurs	»	1	1	1	»	»	»	»	3
	35	47	36	51	49	23	43	4	288

ARRONDISSEMENT DE PARTHENAY

CORPS DE TROUPE	Airvault	Mazières	Ménigoute	Moncoutant	Parthenay	Saint-Loup	Secondigny	Thénezay	Officiers	Totaux
Infanterie	9	16	21	18	23	19	29	9	»	144
Cavalerie...................	1	2	1	1	2	»	1	»	»	8
Artillerie	2	1	»	2	2	»	»	2	»	9
Train......................	2	1	»	1	1	1	»	»	»	6
Mobiles....................	12	26	15	20	25	12	»	8	1	119
Mobilisés..................	8	16	8	9	8	7	15	1	»	72
Francs-tireurs	1	1	»	»	»	»	»	»	»	2
Eclaireurs..................	»	»	»	1	»	»	.	»	»	1
Divers.....................	»	»	»	»	2	»	»	»	»	2
	35	63	45	52	63	39	45	20	1	363

ARRONDISSEMENT DE BRESSUIRE

CORPS DE TROUPE	Argenton-Château	Bressuire	Cerizay	Châtillon	Saint-Varent	Thouars	Officiers	Totaux
Infanterie.	27	20	14	29	27	25	»	142
Cavalerie...................	2	1	1	1	1	5	»	11
Artillerie...................	»	4	»	2	»	4	»	10
Train......................	»	»	»	1	»	2	»	3
Mobiles....................	44	30	14	30	15	27	2	162
Mobilisés.........	6	7	3	13	5	8	»	42
	79	62	32	76	48	71	2	370

RÉCAPITULATION

Officiers..................	14	
Sous-officiers	14	} 1.460
Caporaux et soldats.......	1.432	

Se répartissant ainsi : infanterie, 542 ; cavalerie, 32 ; artillerie, 41 ; train, 11 ; mobiles, 570 ; mobilisés, 251 ; francs-tireurs, 4 ; éclaireurs, 7 ; divers, 2.

Extrait des procès-verbaux des séances du Comité
de Défense nationale

Séance du 14 septembre 1870

Etaient présents : MM. Maichain, Ayrault, Marot, Pellevoisin, Goguet, Bastard-Pradel, Delavau, Ginestet.

Absents : MM. Caillet, Hays.

M. le Préfet de la Défense nationale, qui préside la réunion, informe le Comité qu'il va procéder à son installation. Il fait connaître le but du Comité, il expose les devoirs et les obligations qui lui incombent et, après avoir fait un chaleureux appel au dévouement de chacun de ses membres, il lui fait savoir qu'il pourra et devra même s'adjoindre un Comité consultatif composé d'hommes spéciaux capables de l'aider dans la tâche qui lui est confiée.

M. le Préfet s'étant alors retiré, le Comité consultatif appelé à former son bureau nomme :

MM. Maichain, Président.

Pellevoisin, Secrétaire.

Le nouveau Président donne lecture de plusieurs pièces, circulaires et dépêches relatives à une ligue de défense des départements de l'Ouest dont l'initiative est due au préfet des Côtes-du-Nord. Il communique également une lettre du Préfet de la Manche qui appelle les délégués de chacun des départements de la région à se réunir, dans le plus bref délai, pour déterminer les bases et les moyens d'action de l'Association, et propose un rendez-vous à cet effet pour vendredi prochain à la Préfecture de Rennes.

Cette proposition est accueillie par le Comité qui nomme M. Maichain pour aller le représenter à cette réunion.

En vue d'assurer au Comité de Défense un fonction-

nement régulier et efficace dans toute l'étendue du département, M. Goguet soumet le projet d'organisation suivant
qui est accepté à l'unanimité :

« Le Comité de la Défense nationale dans les Deux-
» Sèvres est composé d'un Comité central de douze mem-
» bres ayant son siège à Niort, et correspondant avec
» tous les points du département au moyen d'un délégué
» par chaque canton.
» Ce délégué devra s'adjoindre immédiatement les
» citoyens les plus capables de l'aider dans sa mission. »

Le Comité procède alors à la nomination des délégués
qui sont pour le canton de :

Beauvoir............	MM. Delavault, notaire.
Champdeniers.......	Fayard, pharmacien.
Coulonges..........	Prével, médecin au Bus-seau.
Frontenay..........	Jousselin, notaire.
Mauzé.............	Delavau, percepteur.
Prahecq...........	Corbin, notaire.
Saint-Maixent.......	Goguet, notaire.
Bressuire..........	Arnault, notaire.
Argenton-Château...	Fauger, notaire.
Cerizay...........	Proust, Henri.
Châtillon-sur-Sèvre..	Fruchard, médecin.
Saint-Varent........:.	Cochard.
Thouars...........	Charrier, médecin.
Brioux............	Chaize, notaire.
Celles............	Lévrier, Gabriel.
Chef-Boutonne......	Delaubier, négociant.
Lezay.............	Bourciez, notaire.
Melle.............	Eprinchard, notaire.
La Mothe-Saint-Héray	Sauzé, maire.
Airvault...........	Cottereau, Gustave, avocat à Parthenay.
Mazières..........	Jorigné, propriétaire.
Menigoute.........	Fraignaud, du Chillot.
Moncoutant........	Cottenceau, à La Chapelle-Saint-Laurent.

15

Parthenay..........   Lédain, médecin.
Saint-Loup..........   Bourdin, notaire.
Secondigny..........   Maynier, médecin.
Thénezay...........   Robin-Dubreuil, notaire.
Sauzé-Vaussais......   Brothier, de Limalonges.

Le secrétaire est chargé d'informer chacun des délégués de la décision prise à son égard.

La séance est levée à cinq heures.

Le Secrétaire,

PELLEVOISIN.

Séance du 30 septembre

. . . .

M. Marot donne lecture de son rapport sur la mission qu'il vient de remplir auprès de la ligue du Sud-Ouest.

Le Comité remercie M. Marot du zèle qu'il a déployé dans l'accomplissement de son mandat et décide l'insertion *in-extenso* de ce rapport sur le livre des procès-verbaux.

RAPPORT DE M. MAROT

« Messieurs,

» Dans votre séance du 26 septembre vous m'avez désigné pour vous représenter au Comité de Défense qui devait se réunir à Toulouse le 28. Si honorable que fût cette mission, j'hésitais à l'accepter tant elle me paraissait au-dessus de mes forces et, je vous l'avoue en toute humilité, messieurs, ce sentiment de défiance de moi-même au début, s'est encore accru en présence de l'imposante réunion dont je faisais partie.

» Vous le savez tous ici, messieurs, je fais école de vie publique et partant, je viens vous demander l'indulgence pour la forme probablement insolite sous laquelle je vais vous présenter la relation des faits.

» La réunion du Comité de Toulouse et des délégués des divers départements a eu lieu à l'Hôtel de la Préfecture, à une heure après midi.

» Étaient présents quarante membres du Comité de Défense de Toulouse et douze délégués seulement sur vingt-cinq pour les départements conviés.

» M. le Préfet de la Haute-Garonne présidait l'assemblée. Il avait pour assesseurs, à sa droite, M. Gatien Arnaud, professeur à la faculté des lettres de Toulouse, à sa gauche, M. le Général de division.

» Le Président a ouvert la séance par la lecture d'une affiche apposée la veille sur les murs de la ville de Toulouse, affiche émanant du Comité de Défense et rendant compte des opérations de ce Comité.

» Ces opérations se résumaient en l'appel immédiat sous les drapeaux des hommes de 25 à 35 ans, en la nomination de délégués cantonaux, d'une compagnie franche et le vote d'une somme importante par la ville pour subvenir aux frais d'équipement et de subsides.

» Après cette lecture, M. Joulin, membre du Comité de Toulouse, rend compte de sa mission à Tours, dit que le Gouvernement avait au début repoussé cette idée de ligue tant à l'Ouest qu'au Midi, mais qu'en suite des explications nettes et vigoureusement accentuées, explications repoussant toute idée de fédéralisme, M. Laurier avait accepté le concours de tous les Comités des départements de la Défense nationale.

» M. Joulin dit aussi que le Gouvernement verrait avec peine les divers Comités charger des délégués spéciaux de l'achat des armes nécessaires à chaque département, que ce serait se faire une sorte de concurrence à soi-même, puisqu'à l'heure présente le Gouvernement passait des marchés importants pour achat d'armes de précision, et qu'il allait être en mesure, sous peu de jours, de fournir la quantité d'armes nécessaires à l'armement de tous les corps francs ; qu'en outre des marchés passés à l'étranger, les trois fabriques françaises pouvaient fournir 130,000 chassepots par semaine.

» De plus 300,000 fusils retrouvés dans divers arsenaux étaient en voie de transformation et seraient prêts le 3 octobre. M. Joulin ajoute que Paris fabrique quatre mitrailleuses par jour et Nevers dix ; Nantes, aussi, se monte pour la fabrication.

» M. Joulin interrogé sur le projet de défense du Gouvernement dit que l'intention du général Lefort paraît être de former une armée entre Tours et Bourges, armée dont les ailes se déploieraient d'un côté jusqu'à Moulins, de l'autre jusqu'à Nantes.

» M. le colonel de Noët, également délégué du Comité de Toulouse se plaint de ce qu'il n'a point reçu de réponse au désir qu'il avait formulé verbalement d'abord, et ensuite par lettre, désir qui tendait à investir les autorités militaires de chacune des divisions des pouvoirs nécessaires à la formation des cadres pour nommer elles-mêmes officiers et sous-officiers. A l'appui de cette demande, M. de Noët dit que nos dépôts regorgent actuellement des débris de nos armées, que les hommes qui les composent, ne pouvant être soumis à la discipline si nécessaire à l'heure présente, se perdent et perdent les autres. M. de Noët ajoute que si l'autorité militaire locale était autorisée à former elle-même les cadres, avant huit jours plusieurs bataillons pourraient quitter Toulouse.

» M. le Président reprend la parole pour annoncer qu'il va donner lecture de diverses propositions qui doivent servir de programme à l'assemblée, propositions à voter en principe et à discuter tant sur la rédaction que sur les voies et moyens de rendre pratiques certaines d'entre elles.

» Ici, messieurs, doivent trouver place certaines réflexions faites en commun avec les délégués de la Charente auprès desquels je siégeais.

» Nous avons été, ces messieurs et moi, saisis de ce fait que dans les votes qui allaient se produire, les membres du Comité de Toulouse y figureraient par cinquante voix contre douze.

» Ce fait d'une irrégularité regrettable fut dénoncé par nous, mais sans bonnes raisons, on ne crût pas devoir s'y arrêter.

» Au lendemain des réunions, messieurs les délégués de la Charente semblèrent m'inviter à signer une protestation ; je m'y refusai par ces motifs que j'avais accepté, en principe, toutes les propositions et avais admis pour la plus grande partie tous les voies et moyens et la rédaction résultant de la discussion. En effet, messieurs, la seule proposition pour laquelle je me suis abstenu est celle relative aux pouvoirs à déférer à l'autorité militaire locale.

» Durant la lecture de ces propositions dont chacune devait être votée d'abord en principe pour être discutée, ensuite tant sur les termes que sur les moyens pratiques, l'assemblée a offert le spectacle d'un étrange tumulte, chaque orateur Toulousain arrivant avec des idées préconçues sur un programme qu'il connaissait à l'avance, avait soif de la discussion, et il n'a pas fallu moins d'une heure pour s'entendre sur ce point de savoir, si la lecture *in-extenso* de ces douze propositions devait être faite d'abord pour revenir ensuite discuter chacune d'elles, ou si la discussion devait commencer dès l'énonciation de chacune des propositions.

» Il est enfin admis que la lecture *in-extenso* sera faite d'abord et que la discussion sera l'objet d'une nouvelle séance qui commencera à huit heures du soir, ce même jour.

» Voici, messieurs, les propositions formant le programme de la réunion.

» Les délégués des départements du Centre et du Midi de la France réunis pour la délivrance du sol national et le maintien de la République une et indivisible,

    » Décrètent :

» 1º En présence des exigences de la Prusse, la paix est déclarée impossible, et toute démarche pour l'obtenir doit être ajournée tant qu'un seul Prussien souillera de sa présence le sol de la Patrie ;

» 2º Dans l'intérêt de l'unité de la défense, les ordres émanant du Gouvernement central ou de ses représentants, quel que soit le siège momentanément choisi, devront être partout et toujours exécutés ;

» 3º La levée en masse de la nation et son armement immédiat sont déclarés nécessaires ;

» 4º Les familles nécessiteuses des citoyens appelés sous les drapeaux seront secourues et nourries par les communes ;

» 5° Dans le cas où Paris succomberait, les départements continueront la lutte à outrance ;

» 6° Au cas d'invasion les approvisionnements de toute nature seront réunis dans les centres de défense où la résistance aura été organisée ; ce qui n'aura pu être soustrait à l'ennemi sera détruit ;

» 7° Tout département devra s'imposer extraordinairement pour une somme de un million au minimum ;

» 8° Toute commune doit en même temps s'imposer pour un subside de guerre et ouvrir en même temps une souscription patriotique parmi ses habitants ;

» 9° Chaque département enverra dans le plus bref délai auprès des représentants du Gouvernement, deux délégués chargés d'arrêter les préparatifs de la Défense nationale et d'en surveiller la première exécution, ces délégués pourront être indemnisés par les départements ;

» 10° Il sera immédiatement donné connaissance des décisions ci-dessus aux délégués du Gouvernement siégeant à Tours.

» Comme je vous le disais plus haut, messieurs, la discussion de ces diverses propositions a été remise à une séance de nuit.

» Dans cette seconde séance trois propositions seulement devaient donner lieu à des discussions assez vives.

» La première était celle relative à la levée en masse. En effet quelle était la limite d'âge et comment devrait-on procéder à l'appel sous les drapeaux.

» L'assemblée s'est rangée à cette mesure d'ordonner la levée en masse jusqu'à 45 ans, en prenant d'abord un premier ban de 20 à 35 ans et un second de 35 à 45 s'il était nécessaire. Rendre enfin mobilisables tous les gardes nationaux jusqu'à 45 ans, laissant tous les autres compris dans la garde nationale sédentaire.

» De cette mesure découlait tout naturellement cette grave question des exemptions. La plupart étaient d'avis qu'on ne devait en admettre aucune, ni pour les postes, ni pour les télégraphes, les chemins de fer et la magistrature ; et les discussions les plus vives allaient leur train, quand un délégué du Tarn, dont le nom me fuit, coupa court à cette lutte. Puisque, dit-il, messieurs, nous sommes ici réunis pour exprimer franchement et librement nos pensées, mettons donc immédiatement le doigt sur la plaie et sans contester l'exemption des hommes employés aux services publics que chacun de nous reconnaît devoir se faire en tout temps, demandons, puisque tel est le but que nous nous proposons d'atteindre, l'enrôlement immédiat des séminaristes, des congréganistes de tous ordres et même des prêtres officiants. Des bravos frénétiques accueillirent cette proposition. Un seul orateur se leva pour la combattre, mais sans autre argument qu'une violence extrême, il dut s'incliner sous le vote de l'assemblée qui donna cinquante-huit voix contre trois.

» La question de l'impôt relatif à chacun des départements a donné lieu à bien des échanges de systèmes qui n'ont en définitive, rien élucidé et l'assemblée s'est arrêtée à ce chiffre minimum de un million par département, sans déterminer le mode d'emprunt.

» Restait, messieurs, la question qui fait l'objet du paragraphe 10, qui devait répondre au vœu formulé par M. de Noët pour éviter les lenteurs de l'organisation actuelle.

» Presque tous les membres présents, tout en reconnaissant le bien fondé des observations de M. de Noët, n'ont point voulu admettre cette proposition qui, selon eux, tendait à donner une trop grande importance à l'autorité militaire.

» J'aurais voulu, messieurs, dans l'exposé que je viens de vous faire, vous traduire les beaux mouvements oratoires qui se sont fréquemment produits, mais outre qu'il n'était pas dans mes moyens de les saisir par la sténographie, il m'eut fallu donner à ce compte rendu déjà trop délayé une proportion extrême ; j'ai la certitude, du reste, que le procès-verbal de la séance dont je n'ai pu prendre connaissance avant mon départ, viendra réparer mes fautes et mes omissions.

» Jules MAROT. »

Séance du 2 novembre

. . . .

L'ordre du jour est : « Adresse au Gouvernement ».

L'adresse suivante est acceptée et votée à l'unanimité.

> « *Aux membres du Gouvernement de la Défense*
> *nationale*
>> » Citoyens,
> » Le Comité de la Défense nationale des Deux-Sèvres partage le sentiment d'indignation qui a soulevé la France entière à la nouvelle de la capitulation de Bazaine. Loin de se laisser abattre par cette infâme trahison, il y voit, au contraire, le point de départ d'un nouvel élan patriotique.

> » Mais la conspiration Bonapartiste du dehors doit, plus que jamais, ouvrir les yeux du Gouvernement sur les menées réactionnaires du dedans. Point de faiblesse, point de temporisation. Il ne faut pas qu'un seul traître reste à la tête de l'armée ou de l'administration ; il ne faut pas que les braves enfants qui sacrifient si vaillamment leur vie pour le salut de la Patrie, soient exposés à se voir enlever demain, par quelque pacte honteux, des victoires toujours achetées au prix de tant de sang et de larmes.

> » Nous vous félicitons de la noble attitude que vous avez prise en face de ce désastre qui pouvait compromettre les destinées de la France.

> » Donnez-nous les moyens de nous armer immédiatement et vous pouvez compter sur le dévouement et le patriotisme de nos populations.

> » Vive la France !
> » Vive la République !

> » *Le Secrétaire,*   » *Le Président,*

> » J. PELLEVOISIN.   » J. MAICHAIN. »

———

Séance du 22 décembre

Etaient présents : MM. Maichain, Pellevoisin, colonel
Delavau, Marot, Ginestet, Caillet, Hays, Goguet, Ayrault,
Emile Galodé, Chérau.

MM. Delavault (notaire à Beauvoir), Fayard, Prével,
Corbin, Delaubier, Gustave Cottereau, Fraignaud, Jorigné.

MM. Clert, Ritter, Lerck, Schmitt, Raimbaud, Petit,
membres du Comité consultatif.

MM. Sauzé, Robin, Dubreuil, Detzem et Bastard-Pradel
absents, se sont excusés.

M. Maichain préside.

Lecture est donnée du procès-verbal de la dernière
séance générale du 23 septembre.

M. Maichain prend la parole et, dans un rapport
succinct et précis, il résume les actes accomplis par le
Comité au double point de vue de la Défense générale et
la Défense locale. Il fait connaître la part qu'il a prise
dans le travail d'organisation de la garde nationale
mobilisée et de l'artillerie départementale, et le concours
qu'il a prêté à l'administration pour l'habillement et
l'équipement de la garde mobile et du corps des francs-
tireurs, enfin sa participation à la création de la légion
du génie dont la formation est désormais complète et
achevée, grâce à l'activité et aux soins de l'un de ses
membres, actuellement colonel de cette légion.

M. le Président appelle l'attention du Comité sur la
situation qui nous est faite par l'approche de l'ennemi et
demande quelle sera la conduite à tenir si le département doit être mis en état de guerre.

M. Fayard se plaint de l'attitude hostile des maires à
l'égard des délégués, attitude qui a rendu impuissants
tous les efforts tentés par ceux-ci pour affermir le Gouvernement de la Défense et pour l'aider à remplir la
tâche si difficile qu'il a acceptée. Il regrette que le Comité
central n'ait pas pris des mesures énergiques pour forti-
fier l'autorité des délégués cantonaux et pour briser les
obstacles que les municipalités issues du régime déchu

opposent à l'exécution de leur mandat. En raison de la situation particulière qui lui a été faite dans le canton de Champdeniers par la conduite déplorable de l'administration, il offre sa démission qu'il retire ensuite sur les observations de ses collègues.

M. Goguet rappelle qu'il est l'auteur de la proposition qui a eu pour objet la nomination des délégués cantonaux dont la mission devait être de stimuler les populations à se défendre, de fournir tous renseignements utiles à la Défense locale et de réveiller le zèle et le patriotisme des municipalités.

Il ajoute que ce but n'a pas été atteint parce que l'administration fidèle au vieux système de conciliation d'où elle n'a pu encore sortir, a refusé de prêter aux délégués le concours de son autorité et l'appui de ses agents. Il voit dans cette opposition aux vues et à l'action du Comité une faute grave dont les effets ont été aussi fâcheux pour les délégués qui ont été réduits à l'impuissance que pour l'administration elle-même qui aurait pu utiliser si efficacement leur dévouement au point de vue de l'organisation des conseils de révision, des gardes mobilisés et des ambulances.

En terminant, il engage le Comité à réfléchir sur ce sujet, persuadé qu'on pourrait encore par la décentralisation des travaux de défense obtenir des résultats favorables à l'intérêt public.

M. Maichain prend la parole : il fait ressortir que le Comité de Défense n'a jamais agi qu'avec une mission officieuse et qu'il lui eût été, par conséquent, difficile de prendre part à la direction des affaires concurremment avec l'administration. Il dit que les essais tentés pour organiser des municipalités républicaines qui eussent accepté l'aide et le concours des délégués n'ont pu généralement aboutir, que la plupart des maires nouveaux choisis dans le parti ont refusé les fonctions qui leur étaient offertes et que ceux qui les avaient acceptées s'en sont démis aussitôt.

Un membre ayant demandé comment on pourrait concilier cet état de choses avec la situation qui nous est faite, M. Goguet répond qu'il n'y a aucun moyen de

sortir de cette situation impossible tant que la République sera administrée par les hommes de l'Empire.
« Là est le mal, dit-il, n'attendons pas pour l'arrêter
» qu'il ait fait de plus grands progrès et puisque nous
» reconnaissons qu'il y a utilité à nettoyer les écuries
» d'Augias, mettons-nous hardiment à l'œuvre. Si l'on
» eût pris les mesures révolutionnaires que compor-
» taient les circonstances nous eussions sauvé la France
» comme en 92, mais on a composé avec les ennemis de
» la République et c'est là ce qui nous a perdus. »

Pour se résumer, M. Goguet demande que le Gouvernement soit averti du danger qu'il court et que des efforts
soient tentés pour le faire entrer dans la voie qu'il vient
d'indiquer. Dans ce but il propose qu'une délégation de
trois membres se rende immédiatement auprès du Gouvernement de Bordeaux pour lui porter le vœu suivant :

« Le Comité de Défense des Deux-Sèvres émet le vœu
» de voir le Gouvernement de la Défense nationale
» prendre des mesures énergiques en vue de la défense
» du pays et du maintien de la République. En consé-
» quence : activer l'armement des forces nationales et
» confier l'administration civile et militaire à des hom-
» mes énergiques et connus par leurs sentiments patrio-
» tiques et républicains.

» Il émet également le vœu de continuer à exister
» concurremment avec le Comité militaire et d'être
» reconnu d'une manière légale. »

Le Comité vote cette proposition avec enthousiasme et
à l'unanimité décide que trois membres se rendront
auprès de la délégation de Bordeaux pour lui porter le
vœu qui vient d'être émis. MM. Maichain, Goguet et
Caillet sont désignés pour remplir cette mission.

Invité par le Président à donner quelques renseignements sur l'état des travaux de Défense locale, M. Ritter
expose que la commission spéciale dont il fait partie
s'est livrée à l'étude d'obstacles destinés à entraver la
marche de l'ennemi, et qu'à la suite d'une visite topographique dans le Nord et l'Ouest du département, il a
désigné les passages susceptibles d'être avantageusement
défendus. La légion du génie, complètement organisée,

n'attend plus qu'un ordre de l'autorité militaire pour se mettre à l'œuvre, seulement M. Ritter redoute certaines résistances dans les communes pour l'exécution des moyens de défense.

Le Secrétaire,

J. PELLEVOISIN.

Saint-Maixent, 3 mars 1871.

Séance du Conseil municipal

Pour honorer le nom et la mémoire du brave et éminent compatriote que fut le colonel Denfert, le maire, M. Goguet, propose de donner le nom de rue Denfert à l'ancienne rue du Rempart ainsi qu'à son prolongement.

Le Conseil vote à l'unanimité la proposition qui lui est faite, heureux de contribuer à perpétuer le souvenir du noble défenseur de Belfort. Sur la proposition de M. le maire, le Conseil municipal vote à l'unanimité à M. le colonel Denfert-Rochereau l'adresse suivante :

« Colonel,

» Votre héroïque défense de Belfort, vos nobles réponses » aux offres et aux menaces de l'ennemi vous assurent » un nom glorieux dans l'histoire de cette triste et mau- » dite guerre de 1870. Vous aurez été une des rares » figures restées pures et sans tache au milieu de nos » revers.

» La ville de Saint-Maixent, qui s'honore de votre nom, » veut aider à en perpétuer le souvenir en le donnant à » l'une de ses rues. La rue du Rempart, prolongée jus- » qu'au champ de Mars, s'appellera désormais rue » Denfert.

» Permettez au Conseil municipal de la ville qui vous » a vu naître d'offrir ce témoignage d'admiration au » courageux défenseur de Belfort.

» GOGUET, maire ; RAGEAU, DUPUIS,
» AMAIL-GRANET, BRAUWERS, BONNAN,
» VRIGNAUD, CASSIN, DEVALLÉE, BLAIN,
» VIGNERON, PAIRAULT, GUIMARD, SEI-
» GNEURIN, conseillers municipaux. »

Après avoir rappelé l'histoire des mobiles, mobilisés, francs-tireurs, ambulanciers etc., de tous
ceux qui, à des titres divers, ont collaboré à la
défense du pays, nous avons cru bon de recueillir
les noms de quelques-uns de nos compatriotes,
qui ont combattu dans l'armée active.

Nous les remercions des renseignements qu'ils
ont bien voulu nous fournir et nous exprimons le
regret de ne pouvoir donner qu'une liste incomplète.

GIRARD, trésorier des anciens combattants. Du 50ᵉ régiment de ligne, en garnison à Langres au moment de
la déclaration de guerre. Ce régiment formait à Wissembourg, avec le 74ᵉ de ligne, une brigade de la division Abel Douay. De quatre heures du matin à quatre
heures du soir ces deux régiments soutinrent, le 4 août
1870, une position à découvert dans la plaine contre
un corps d'armée complet et masqué dans le bois de
Wissembourg. La résistance fut telle que les Allemands croyaient avoir affaire à un bien plus grand nombre d'adversaires. Le combat cessa de notre côté, faute
de cartouches.

Les survivants des deux régiments, groupés ensemble, luttèrent vigoureusement à Reischoffen, le
6 août. Complétés par de jeunes recrues de la classe
de 1869, ils participèrent à la défense glorieuse de Ba-
zeilles. Enveloppés par l'ennemi à la nuit tombante, ils
furent faits prisonniers.

FLEURY. Du 50ᵉ régiment de ligne, comme rappelé de
la classe 1864 ; fut fait sergent-major le 25 août 1870.
Blessé d'un coup de baïonnette à Wissembourg, d'un
éclat d'obus à Reischoffen, fut proposé, à cause de sa
vaillante conduite, pour la médaille militaire et le grade
d'officier, propositions qui n'eurent pas d'effet. Prisonnier à Sedan.

BOURREAU (Louis-Alphonse), né le 26 décembre 1852;

engagé volontaire au 2ᵉ régiment de zouaves, le 15 janvier 1870, fit partie de la colonne expéditionnaire du Sud-Oranais, commandée par le général Wimpfen, et prit part aux combats de l'Oued-Ghir et d'Aïn-Chaïr ; puis, après la déclaration de guerre, aux batailles de Wœrth-Freschwiller et aux combats sous Sedan. Fait prisonnier de guerre à Sedan, le 1ᵉʳ septembre, fut envoyé en captivité à Stettin (Poméranie) ; rentré de captivité à Oran le 1ᵉʳ janvier 1871 ; libéré le 6 janvier 1872.

LONGÉ (Louis), né le 17 janvier 1854 ; engagé volontaire pour la durée de la guerre, le 17 juillet 1870, au deuxième régiment de zouaves, à Oran ; a pris part aux combats sous Orléans, en octobre, puis en décembre (Arthenay, Chevilly, Cercottes, défense du faubourg des Aydes) ; fait prisonnier le 5 décembre ; rentré de captivité le 17 juin 1871.

GUILLORY (Paul), né le 21 mars 1839 ; rappelé le 16 août 1870, incorporé au 3ᵉ grenadiers de la garde ; a combattu à Sarrebrück, à Forbach, à Gravelotte ; prisonnier à Sedan, réussit à s'évader ; engagé dans les francs-tireurs de la Vienne ; blessé aux environs d'Avallon, à la fin du mois de janvier. Rentré et désarmé à Paris, la veille de la proclamation de la Commune.

AUBRIT (François), entré au service au 3ᵉ de ligne, le 15 juin 1865, a fait campagne contre l'Allemagne. Combattant de Frœschwiller, puis de Beaumont et de Sedan. Fait prisonnier le 2 septembre 1870. En Afrique, de juin à septembre 1871, participe à une expédition en Kabylie.

BERTRAND (Louis), de la classe de 1867, fut rappelé sous les drapeaux en juillet 1870. Incorporé au 58ᵉ régiment d'infanterie de ligne, à Pau, il partit de Pau pour Paris le 10 août, de Paris pour le camp de Châlons vers le 21 août, pris part à l'engagement de Beaumont le 30 août. Blessé le soir de la bataille, à Mouzon, au moment de la traversée de la Meuse, par une balle au bras droit, fut amputé le même soir dans une ambulance, à Autrecourt. Rentré dans ses foyers dans les premiers jours de septembre. Décoré de la médaille militaire par décret du 10 mars 1872.

CHABRIER. Engagé volontaire à 18 ans et incorporé le 22 novembre 1870 à la première compagnie du 12ᵉ bataillon de la garde nationale de la Seine. Cantonné, du 3 décembre 1870 au 1ᵉʳ janvier 1871, dans la tranchée de Bagneux au fort de Montrouge. A combattu à St-Cloud les 19 et 20 janvier. Parti de Paris le 10 février 1871.

DESCHAMPS (Maximilien), du 10ᵉ régiment d'artillerie, a partagé le sort de ce régiment pendant toute la campagne de 1870-71.

LUSSAUDIÈRE (Pierre), du 52ᵉ de ligne, qui dépendait du 14ᵉ corps d'armée, a pris part à toutes les luttes soutenues par le maréchal de Mac-Mahon. Fait prisonnier à Sedan, interné dans le duché de Posen, rentré en France le 14 juillet 1871.

CAILLON (Pierre), rappelé en 1870, fut incorporé au 31ᵉ régiment de marche et fit la campagne de la Loire ; participa à la victoire de Coulmiers, le 9 novembre, défendit Orléans les 1ᵉʳ et 2 décembre ; puis ce fut la retraite avec Chanzy, la défense des lignes de Josnes, Vendôme, Le Mans, les colonnes mobiles, et la lutte suprème et malheureuse contre Frédéric-Charles, au Mans, les 11 et 12 janvier. Prisonnier de guerre, put s'évader à Corbeil ; réincorporé au 8ᵉ de ligne jusqu'en avril.

SOULET (Joseph), du 24ᵉ de ligne, a fait toute la campagne du mois d'août avec ce régiment. A combattu à Forbach, à Gravelotte, à Saint-Privat.

SABIRON, chef armurier de 1867 à 1870, devint en 1870, à Paris, chef d'un atelier pour la fabrication et la transformation des armes de guerre (Mairie de la rue Drouot). Appartenait à un bataillon de marche de la garde nationale dont il fut détaché. Sorti de Paris pendant la Commune, avec un laisser-passer du général

Cluseret pour rapporter des armes, est rentré à Niort sans exécuter cet ordre.

Schmitt, né en 1854, ne dût d'être engagé au 1er zouaves en 1870, qu'à l'affirmation qu'il était né en 1853. Blessé le 8 décembre, au combat de Beaugency, fait prisonnier par les Allemands, fut interné à Neisse (Haute-Silésie) ; une évasion manquée lui valut 30 jours de cachot. Rentré à Schelestadt, le 9 avril 1871.

GARDE NATIONALE MOBILISÉE

DES DEUX-SÈVRES

Cadres des Officiers des trois Légions Mobilisées

Etat-Major central commun aux trois Légions

MM. DELAVAU, Onésime, colonel, commandant supérieur.

GRAND, Louis, capitaine-major.

GUIONNET, Alphonse, capitaine-trésorier.

BON, Alexandre, capitaine d'armement et d'habillement.

Etat-Major des Légions

1re Légion. — Niort

MM. MASSE, lieutenant-colonel, chef de Légion.

ZUBER, chirurgien major.

2e Légion. — Melle et Parthenay

MM. GUILLOT, lieutenant-colonel, chef de Légion.

MOUSSAUD, chirurgien-major.

3e Légion. — Bressuire

Commandants successifs :

MM. MAILLETARD, lieutenant-colonel, chef de Légion.

AUGIER DE SAINT-ANDRÉ, lieutenant-colonel, chef de Légion.

BESSE, chirurgien major.

Officiers d'ordonnance du général Delavau, commandant supérieur :

MM. GARRAN DE BALZAN, Philippe.

SINSON SAINT-ALBIN.

16

PREMIÈRE LÉGION

N° des Compagnies	*1er Bataillon* Chef de Bataillon........ MM. PLISSON. Capitaine adjudant-major GAMBIER. Aide-major.............. FAURE. Sous-Lieut' Offic. payeur.. MERLE.		
	Capitaines	Lieutenants	Sous-Lieutenants
1e	Gentil.	Arnauldet.	Bonneau.
2e	Sabourin.	Berthelot.	Hurteau.
3e	Martineau.	Gouin.	Garnaud.
4e	Drillaud.	Morisset.	Chauvet.
5e	Forestier.	Garnier.	Bonneau.
6e	Lerat.	Poinot.	Charbonneau.

2e *Bataillon*

Chef de Bataillon........ MM. LAMOTHE.
Capitaine adjudant-major LARGEAU.
Aide-major.............. PROUST.
Sous-Lieut' Offic. payeur.. ROUSSEAU.

1e	Breillacq.	Hugon.	Boinot.
2e	Pelletier.	Gilbert.	Miégeville.
3e	Gourdon.	Dupeux.	Bonnaudet.
4e	Bouin.	Birault.	Vien.
5e	Sauzières.	Angot.	Mimault.
6e	Desaivre.	Sachon.	Rousseau.

3e *Bataillon*

Chef de Bataillon........ MM. VIEN.
Capitaine adjudant-major CLAIR.
Aide-major.............. MARTINEAU.
Sous-Lieut' Offic. payeur.. MANGOU, Aug.

1e	Noël.	Duverger.	Marchand.
2e	Quantin.	Brouet.	Geoffriau.
3e	Goguet.	Sarrazin.	Ménard.
4e	Treil.	Cardinaud.	Bernard.
5e	Hardy.	Lucas.	Bouhet.
6e	Gelin.	Ollercau.	Rivière.

Sous-Lieut. Trés. pay. de la Légion, M. MANGOU, Auguste.

DEUXIÈME LÉGION

1er Bataillon

Chef de Bataillon........ MM. BOURDON.
Capitaine adjudant-major   AUBIN.
Aide-major.............   BOUCHET.
Sous-Lieut¹ Offic. payeur..   GILBERT.

N. des Compagnies	Capitaines	Lieutenants	Sous-Lieutenants
1e	Couturier.	Mureau.	Lévrier.
2e	Morisson.	Daniaud.	Augé.
3e	Portron.	Petit.	Albert.
4e	Nafréchoux.	Gourchaud.	Jeannot.
5e	Gautier.	Richard.	Dablée et Rivière.
6e	Riché.	Chauveau.	Terrassier.

2e Bataillon

Chef de Bataillon........ MM. VOIRIN.
Capitaine adjudant-major   LÉGER.
Aide-major.............   GIRAULT.
Officier payeur.........   G. PINÇON.

1e	Brunet.	Amiot.	Chabot.
2e	Guitton.	Bouchet.	Brunet et Chémerault.
3e	Guillot.	Cart.	Pillard.
4e	Pontenier.	Rabotteau.	Bourdeau.
5e	Guérin.	Morillon.	Pinaudeau.
6e	Rocquet.	Texier.	Faity.

3e Bataillon

Chef de Bataillon........ MM. DUBOYS.
Capitaine adjudant-major   HURTAUD.
Aide-major.............   ROUAUD.
Officier payeur.........   G. PINÇON.

1e	Herry.	Touchard.	Faucon et Péroche.
2e	Buty.	Bernier.	Guérin.
3e	Bouju.	Gauffreteau.	Cottenceau.
4e	Tribier.	Ganne.	Duteault.
5e	Bonnet.	Poltet.	Trouvé.
6e	Passebon.	Dupuy.	Charron.

4e Bataillon

Chef de Bataillon........ MM. PARNAUDEAU.
Capitaine adjudant-major   GORIN.
Aide-major.............   POUZET.
Officier payeur.........   RIVIÈRE.

1e	Gourdon.	Gauthier.	Rousseau.
2e	Cornuault.	Montois.	Brossard.
3e	Journault.	Giroire.	Darcourt.
4e	X...	Poynot.	Péroche.
5e	Treil.	Pignon.	Boucher.
6e	Fraigneau.	Sec.	Poustier.

TROISIÈME LÉGION

1er *Bataillon*

Chef de Bataillon.. ..... MM. DESCHAMPS.
Capitaine adjudant-major   DESSALES D'ORBIGNY.
Aide-major.......... ...   PUY-LE-BLANC.
Sous-Lieut¹ Offic. payeur..   DIXMIER.

Nᵒˢ des Compagnies	Capitaines	Lieutenants	Sous-Lieutenants
1ᵉ	Clerc.	Durdon.	Fayou.
2ᵉ	Dittière.	Legué.	Sainton.
3ᵉ	Foucher.	Roy.	Benoist.
4ᵉ	Merle.	Bridier.	Germond.
5ᵉ	Chatain.	Lutaud.	Prieur.
6ᵉ	Papin.	Dugas.	Courjault.

2ᵉ *Bataillon*

Chef de Bataillon........ MM. PAULUS.
Capitaine adjudant-major   PELISSON.
Aide-major.............   MAILLETARD.
Sous-Lieut¹ Offic. payeur..   LANDREAU.

Nᵒˢ	Capitaines	Lieutenants	Sous-Lieutenants
1ᵉ	Regelsperger.	Tricot.	Barbaud.
2ᵉ	Fradin.	Lacroix.	Barrion.
3ᵉ	Charuau.	Nuce.	Bernier.
4ᵉ	Prisset.	Moricet.	Rousseau.
5ᵉ	Furgier.	Plisson.	Déchorgnat.
6ᵉ	Giret.	Jottreau.	Binet.

3ᵉ *Bataillon*

Chef de Bataillon........ MM. GROSSARD.
Capitaine adjudant-major   COURTEL.
Aide-major.............   PAILLER.
Sous-Lieut¹ Offic. payeur..   MANGOU.

Nᵒˢ	Capitaines	Lieutenants	Sous-Lieutenants
1ᵉ	Bonnin.	Turpault.	Paillet.
2ᵉ	Augereau.	Legeai.	Albert.
3ᵉ	Merle.	Billy.	Poutière.
4ᵉ	Hérault.	Gilbert.	Gabard.
5ᵉ	Hublet.	Prouteau.	Lebeau.
6ᵉ	X...	Lecq.	Durand.

INDEX

(Voir pour la bibliographie se rapportant aux Mobiles des Deux-Sèvres notre ouvrage « Les Mobiles des Deux Sèvres pendant la guerre 1870-1871 », page 201.)

HISTOIRES GÉNÉRALES.

Commandant ROUSSET : *Histoire de la guerre franco-allemande.*

Charles DE FREYCINET : *La guerre en province.*

Amédée LE FAURE : *Histoire de la guerre franco-allemande.*

HANOTAUX : *La France contemporaine.*

Léon SAY : *Les finances de la France 1870-1871.*

Général CHANZY : *La deuxième armée de la Loire.*

HISTOIRES LOCALES.

Prosper CASIMIR : *Les pages douloureuses de la guerre.*

Emile BREUILLAC : *Amable Ricard 1828-1876.*

X : *A la mémoire des mobiles et des francs-tireurs des Deux-Sèvres* (Imprimerie L. Favre, 1881).

RENSEIGNEMENTS DIVERS.

Procès-verbaux du Conseil municipal de Niort, 1870-1871 ;

Procès-verbaux du Conseil général des Deux-Sèvres, 1870-1871 ;

Mairie de Niort : Dossier de la garde nationale sédentaire.

Archives de la préfecture des Deux-Sèvres : Dossiers de la garde nationale mobilisée. — Etats de décès des combattants morts pendant la guerre 1870-1871. — Dossier des Sociétés de secours aux blessés. — Correspondance et documents divers concernant la Défense nationale dans les Deux-Sèvres.

Procès-verbaux des Conseils municipaux de Bressuire, Melle, Parthenay, Thouars, Saint-Maixent, Moncoutant, etc.

Documents recueillis par M. Georges Turpin, de Parthenay ;

Correspondance, notes et documents divers recueillis par Mme J. Maichain ;

Correspondance communiquée par M. le lieutenant-colonel Géniteau ;

Documents officiels communiqués par M. Jules Pellevoisin, secrétaire du Comité de Défense nationale dans les Deux-Sèvres.

PRESSE DÉPARTEMENTALE.

La *Revue de l'Ouest* ; le *Mémorial des Deux-Sèvres* ; la *Gâtine*.

ERRATA

Page 62, ligne 9, lisez : 1400 *ou* 1500.

Page 81, ligne 12, et *passim* pages 148, 149, 154, 155, lisez : *Delavau* et non Delavault.

Page 105, ligne 16, lisez : du *7 octobre au 20 novembre*.

Page 152, ligne 7, lisez : *acceptée* au lieu d'accomplir.

TABLE DES MATIÈRES

PREMIÈRE PARTIE

CHAPITRE Ier

CHAPITRE II

CHAPITRE III

CHAPITRE IV

CHAPITRE V

CHAPITRE VI

CHAPITRE VII

CHAPITRE VIII

CHAPITRE IX

DEUXIÈME PARTIE

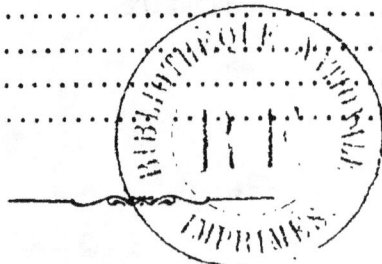

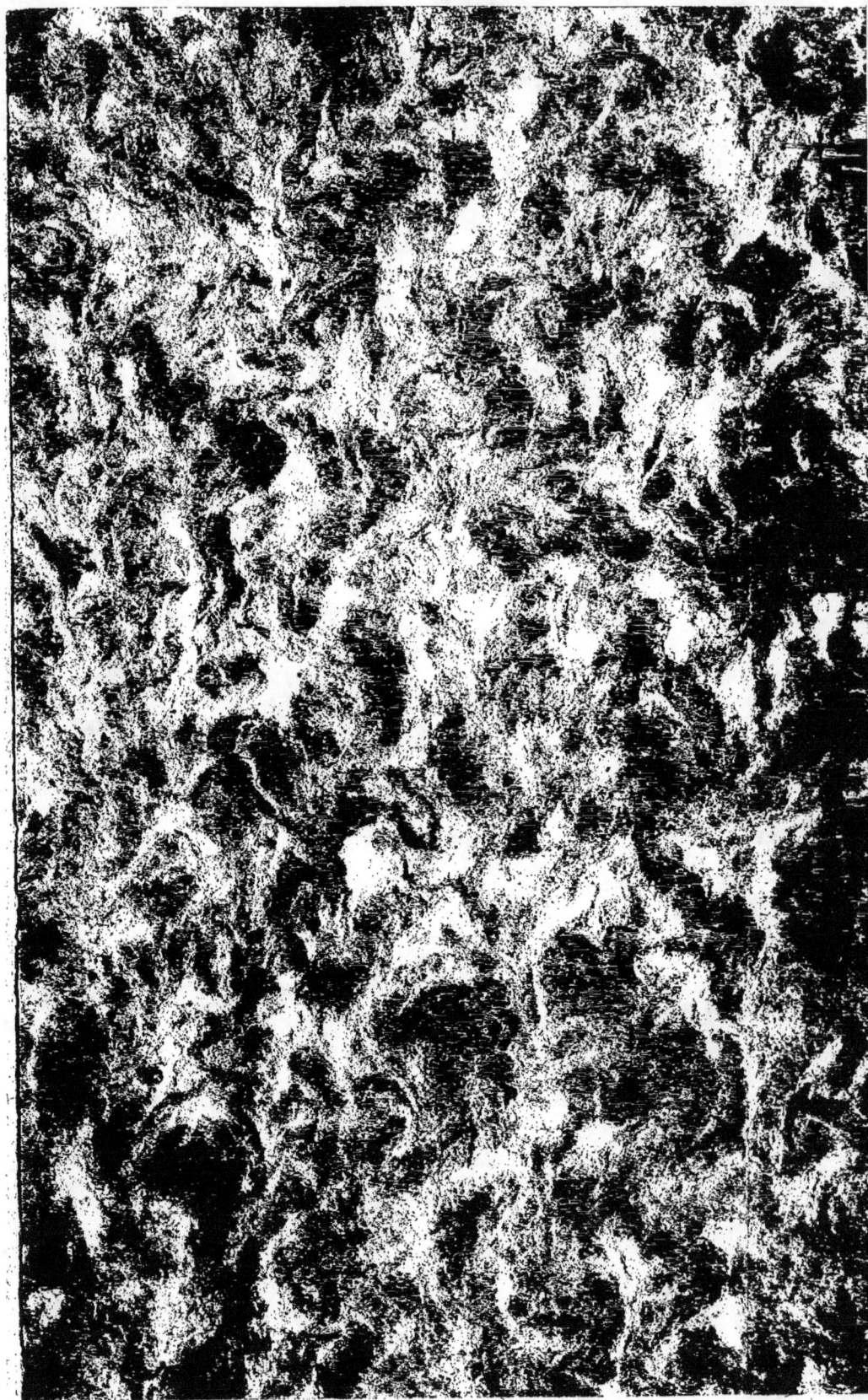

www.ingramcontent.com/pod-product-compliance
Lightning Source LLC
Chambersburg PA
CBHW070803270326
41927CB00010B/2264